陳福成著

文學叢刊

我讀上海《海上詩刊》

——中國歷史園林豫園詩話瑣記

文史哲出版社印行

國家圖書館出版品預行編目資料

我讀上海《海上詩刊》：中國歷史園林豫園詩話瑣記 / 陳福成著. -- 初版. --臺北市：文史哲, 民 107.03
頁； 公分.（文學叢刊；390）
ISBN 978-986-314-405-2 (平裝)
1.新詩 2.詩話

821.886 107003642

文　學　叢　刊　390

我讀上海《海上詩刊》

中國歷史園林豫園詩話瑣記

著　者：陳　福　成
出版者：文　史　哲　出　版　社
http://www.lapen.com.tw
登記證字號：行政院新聞局版臺業字五三三七號
發行人：彭　正　雄
發行所：文　史　哲　出　版　社
印刷者：文　史　哲　出　版　社
臺北市羅斯福路一段七十二巷四號
郵政劃撥帳號：一六一八〇一七五
電話886-2-23511028 · 傳真886-2-23965656

實價新臺幣三二〇元

二〇一八年（民一〇七）三月初版

我讀上海《海上詩刊》

——中國歷史園林豫園詩話瑣記

隱居台北近郊山林，不旅遊、不出國、不應酬、不交際、不出遠門，僅在這荒野山林，讀書、寫作，偶爾和「山林九賢」喝兩杯杜康。

山林九賢聚會不應酬，我們讀書、寫作、吟詩，臧否善惡，褒貶人物，或對政客貪官開「月旦評」。我們讚嘆這個世界的美好光明面，批判醜惡黑暗面，不論那一面，是我們「玩」的對像，現代「山林九賢」。

近幾年，就在這山林裡，養豬、種菜、寫作、讀書，還有大陸詩友錢國梁寄來的《海上詩刊》，這是中國歷史園林豫園管理處支持的文學刊物，賞讀之餘寫下的一些筆記心得，整理而成的一本雜記。

每一章僅針對一期寫作，從二〇一四年總第五十一期開始，中間並無連期（有些期可能中途寄失）。各期的豫園一景、書法、金石、詩人活動剪影，盡可能保存放書中，這類報紙型刊物通常大家看看就丟了，當紙類回收。但出版成書，有 **ISBN** 國際編碼，圖書館會收藏，並可典藏久些。也是多年來，我獲得「免費」賞閱這份詩刊，做為回報和紀念。

台北公館蟾蜍山萬盛草堂主人

陳福成　誌於二〇一八年元月

我讀上海《海上詩刊》
——中國歷史園林豫園詩話瑣記

目 次

第一章 上海《海上詩刊》總第 51 期

最先看到費碟的文章，〈心靈與藝術的結晶〉，講的是詩，他說的兩個特質，「思想的窗戶」和「藝術的魔方」，這是當然。失去這兩個特質，詩質、境界、價值都會大大流失，甚至被批評不是詩！

隨著詩歌的流行化、多元化，詩人比讀者多，費碟也優心詩歌的邊陲化（邊緣化）趨勢，現在還有誰能像當年的北島、舒婷、顧城等名家寫出高水平作品？這是台灣詩壇也常在討論的議題。台灣有個新詩社，發行詩刊取名《衛生紙》，就是影射現代詩如同衛生紙，用了就丟，也等於暗示所謂新詩，不過是一堆垃圾。

但要注意的是，現在有的企業可以從「垃圾」中提煉出很多有用的東西，甚至有黃金、鍗土等貴重元素。而用過的衛生紙，已無提煉或再用價值，它完全是垃圾中的垃圾，真正的「廢物」。那麼，詩或現代詩是廢物嗎？我以為，這是台灣詩壇怪現象之一角落，少數寫詩的人自我矮化，自己不尊重自己，誰能尊重你？

至於說到詩人比讀者多，似乎如是，誰也沒有正確做過統計。古繼堂（中國社科院副研究員），在他的著作中說，台灣二千多萬同胞中，寫詩的就有上萬人，從詩的密度和比例來看，恐怕要數全國之冠。（註一）另一位大陸詩人學者古遠清，在《台灣當代新詩小史》，宣稱現在中國有五百萬寫詩人口。（註二）這「兩古」說法我都相信，因為所謂「寫詩人口」未必是詩人，或採寬鬆定義，凡是曾經寫詩（不論品質、不管心態）的都叫詩人。五百萬詩人定會「製造」出幾億首詩，但有九成九九都「見光就死」，只是作者「爽」一下，就再也無人讀過。這種趨勢在現代社會，應該已是不可逆的現象了。

自然法則會出面干預，時間也會公平判決。那五百萬「詩人」，二十年後只剩五萬人作品存在，五十年後還能找到五百人作品，百年後剩一百人，三百年後的讀者也許可以讀到三十名家，這些是傳世的不朽詩人。

費碟這篇文章還提到，小圈子互送詩集，能夠細心閱讀的恐怕不多，這固然有紅塵滾滾人心浮躁或雜物重重難以靜心的因素，以及詩的品質低落等。但筆者可能是個例外的人，筆者多年來刻意排除所有外務應酬，隱居深山，讀書、寫作過日子，不旅行，不出國（意義不大），會相聚飲酒作詩的好友，十個手指算不完。因此，我會專心閱讀得到的作品，包含《海上詩刊》，都會細心賞讀。要深入思考費碟這篇文章，我有很多同感，也很弔詭（**Paradox**）。（註三）就像許多傳統珍貴價值（如四維八德等），被所謂「民主、多元」顛覆得肢離碎破，乃至被否定了，都是似是而非，永無定論，但也很叫人恐慌！

打開這期的第二版，有社長兼主編錢國梁的兩首詩，〈目光在陽光的路面搖蕩〉，寫出人類社會追求所謂「現代化」，人口向都市集中，產生很多嚴重的「都市病」，也有人叫「都市癌」，如貧民窟等。全球所有超級大都市，紐約、倫敦、東京、上海……這些算是先進的，還有很多問題。那些更落後的國家，印度、第三世界各國更慘了，很多地方如人間地獄，無人聞問，聯合國也沒辦法。像錢國梁詩中寫到的「疏離感」，相較下還算「小病」。但這是現代化的共相，賞讀之。（註四）

我的目光
穿過塵煙，落在
車轍重疊的路面上空

我看見一條虛無的分界線
把都市人的心境
撕得分分合合，零零碎碎
像一道斑駁的傷痕

有形的，無形的
分界線，總讓人觸及疼痛

陽光下
我走入馬路中間
兩邊傳來悅耳的鳥鳴
一邊是蒼古的老城廂
一邊是時尚的樓群
新與舊、古與今、傳統與現代
影子般在眼前飄忽

紅綠燈彌漫滿街車聲
我的目光在陽光的路面
自由搖蕩
沒有風吹亂我的頭髮
我從這邊走向那邊
心如一枚守時的鐘擺
來回晃動

我討厭都市，不喜歡都市，因而遠離都市，隱居城市裡的一座深山，讀書寫作。很多大陸客來台北要去參觀 101 大樓，逛百貨公司，在台北住了幾十年，沒去過 101 和許多著名百貨公司，那些地方對我毫無意義。像詩境「把都市人的心境／撕得分分合合，零零碎碎／像一道斑駁的傷痕」，以同理心判斷，很多人必然會受到這種傷害，要怎樣才能不受傷，相信這是須要身心靈的深度修行。我說的「修行」，不一定靠宗教，例如陶淵明〈飲酒〉一詩，「結廬在人境，而無車馬喧。問君何能爾，心遠地自偏……」。這樣的身心靈修行境界，讓陶淵明成為詩歌「意境論」的先驅，一切的「外物」誘惑都傷不了他，正是所謂「無欲則剛」，只是一些平常道理。

為什麼現代都市人容易得各種都市病，說到根本不外主客兩種原因。現代人主觀的內心世界，受「現代價值觀」影響，有很多希望期望都要外求的「欲望」；在客觀環境有強大的誘惑、引導，排山倒海而來，人難以抗拒，要做到內外都平衡不受傷，真是談何容易？如詩人的詩句「**心如一枚守時的鐘擺／來回晃動**」。我們都生活在社會裡，成為「社會動物」，乃整個地球成為一個村里鄰，任何地方有風吹草動，都可以叫人七上八下。何況一個超級大都會，有多少的問題會讓你的心「來回晃動」？

不論古今中外，家家有本難念的經，人人也各有難處，當帝王總統領導的高人們，不一定活得快樂自在；而廣大底層的「工農兵」群眾，未必都過得不自在不快樂！總而言之，如電影《侏羅紀公園》最後一句道白：「生物會自己找到出口」。眾生每一個人，都要自己找到「安身立命」之途徑，任何外力都幫不上忙，要靠自己。金月明的〈馬路清掃工〉一詩，詩中主角快樂自在嗎？（註五）

一部勵志劇，天天在馬路演繹
風雨和勞累是鋪墊的前戲
塵土和垃圾是必不可少的道具

幾乎沒有台詞或說白
表情和動作全都圍繞主題
路邊的車流人流是變幻的場景
一投入馬路就沒有一點表演的痕跡

這是陽光聚焦下的亮相
左一掃右一划，動作孔武有力
這是晨風陪伴下的獨舞
朝前走朝後行，每一步腳踏實地

有人笑語：這不就是花臉的把戲

不錯，淨角的本分扎根心底
庭除既掃再掃天下
灰塵滿面卻留下一點兒思緒純潔

無礙低賤的生涯佔據人生的舞台
更不奢望那一天喝彩聲四起
在漠視和冷觀下習慣于春秋
于四周的濁世投下高貴的一瞥

理論上，人往高處爬，沒有人是自願當一輩子掃路工人，但理論也只是「暫時的假設」，隨時都有被推翻的可能。世間這樣的例子太多了，並非人人都要往高處爬。戰國時代，楚王邀請莊子去當宰相，莊子問楚王一個問題：「有兩隻烏龜，一隻被捉去殺了，肉被人吃了，龜殼被放在神壇供人謨拜；另一隻在野外泥地裡爬來爬去，自由覓食。這兩隻烏龜那一隻快樂？」楚王不思索就答：「當然是野外泥地爬的快樂。」莊子答：「你說對了！」

詩人以慈悲為懷的心腸，為這位馬路清掃工提昇了人生境界，甚至完成工人的「自我實現」，這是詩人悲天憫人的詩筆，他看到一個社會「金字塔」最底層的工人生活，為他們發聲，提高他們的尊嚴。另一面，透過詩的傳播，提醒人們要關懷、尊重這些「低端」人口。

所有的大城市每天都可以看到的場景，但有誰會「有感」，絕大多數是漠視和冷觀！對於「**低賤的生涯佔據人生的舞台**」，這樣的畫面給人有勵志作用嗎？「**懷揣掃盡天下的勇氣／一部勵志劇，天天在馬路演繹**」。讀者們！你明天開車出門上班或遊玩，定會看到這幕免費的舞台劇在上演，你的感覺是什麼？

一張小報型詩刊，其實不少好作品。以螢火蟲為主題的詩相信詩人都寫過，小學老師教小朋友寫童詩，螢火蟲也是用的很多的題材。江蘇省鎮江這位袁信卓小學生，寫的〈螢火蟲〉（兒歌）很有新意。（註六）

螢火蟲呀，螢火蟲，
你半夜提著小燈籠，
你是夜晚巡邏的警察嗎？

如果你是，
請你用你的小燈籠，
將夜空照明
讓小動物找到回家的路

螢火蟲呀，螢火蟲，
你半夜提著小燈籠，
你是一只小眼睛嗎？
如果你是
請你睜開你的小眼睛
看看太陽到底有多大

螢火蟲呀，螢火蟲
你半夜提著小燈籠，
你是一位旅行家嗎？

如果你是
請你告訴我
遠方的景色有多美！
螢火蟲呀，螢火蟲
你到底是什麼？
你能告訴我嗎？

小朋友初學童詩，與「擬人化物」對話是重要技巧，這位袁信卓小詩人用的算很熟練了。其次是想像力的發揮，詩三段分別把螢火蟲想像成警察、小眼睛和旅行家，也算很有新意。

但這首詩可能小詩人故意設了一個「陷阱」，表面看好像犯了很大的錯誤（矛盾）。第二段裡「半夜」提著小燈籠，睜開小眼睛看看太陽有多大，半夜那有太陽？小朋友很清楚，主編也知道，詩還是刊用了。從詩語言看，這個矛盾也可以成為一種「亮點」，可以有幾種解讀。(一)小朋友可能隨父母去過靠近南北極地，或從科學常識知道，地球上不是每個地區都日夜分明，有的地方午夜還有太陽，這樣詩的視野就放大了。㈡小詩人化身螢火蟲，站在螢火蟲立場發言，小眼睛對太陽的大產生對比感覺。㈢白天才有太陽，是人們的「習慣」感覺，但螢火蟲未必如是。㈣小詩人希望螢火蟲能看到更大的世界。無論如何解讀，這樣的「打破常規」，讓詩有了更大的張力。

第四版的〈豫園・墨色繽紛〉有些傳統詩詞，蔣鈴的〈祭屈原〉讓人再度重溫哀怨、悲憤之情，回頭看看整個歷史潮流，詩歌創作似乎源自不滿和痛苦。賞讀這首〈祭屈原〉。（註七）

憂國哀民第一人，吟壇風骨見精神。
忠貞每得君王怒，善政常為奸佞憎。
香草美人如逝水，滋蘭樹蕙不留春。
魂歸淚水龍舟祭，端午又聞擊浪聲。

詩言志乃中國詩學之總綱，明示中國詩歌藝術的表達意志和吟咏情性，是基本美學特徵，沿著這樣的主線，古來中國人的詩歌言志抒情內涵不外：真於情性，發乎自然；抒哀怨之情，發幽憤之思；有為而作，有補於時；含蓄蘊籍，哀而不傷。（註八）越是傷重悲憤，作品越高。司馬遷在《史記・屈原賈生列傳》說：（註九）

屈平疾王聽之不聽也，讒諂之蔽明也，邪曲之害公也，方正之不容也，故憂愁幽思而作《離騷》。《離騷》者，猶離憂也。夫天者，人之始也；父母者，人之本也。人窮則反本，故勞苦倦極，未嘗不呼天也；疾痛慘怛，未嘗不呼父母也。屈平正道直行，竭忠盡智以事其君，讒人間之，可謂窮矣。信而見疑，忠而被謗，能無怨乎？屈平之作《離騷》，蓋自怨生也。

詩人常說「文窮後工」大約就是困局悲憤生出好作品。《史記・太史公自序》最後說，「昔西伯拘羑里，演《周易》；孔子厄陳蔡，作《春秋》；屈原放逐，著《離騷》；左丘失明，厥其《國語》……大抵賢聖發憤之所為作也。」（註十）人世間本有太多的不平與苦難，人人都不願意碰到，但不平和苦難竟也有「正面價值」，若你碰上了會產生何種「功能」？

註 釋

一 古繼堂，《台灣新詩發展史》（台北：文史哲出版社，一九九七年一月，增訂再版），頁五。

二 古遠清，《台灣當代新詩小史》。轉引，台客，〈走過風雨四十六年〉一文，《葡萄園》詩刊第一七八期（二〇〇八年五月十五日），頁六二。

三 費碟，〈心靈與藝術的結晶〉，《海上詩刊》（上海豫園管理處，二〇一四年六月二十五日），第三期（總第51期），第一版。

四 錢國梁，〈目光在陽光的路面搖蕩〉，同註三，第二版。

五 金月明，〈馬路清掃工〉，同註三，第二版。

六 袁信卓（小學生），〈螢火蟲〉（兒歌），同註三，第三版。

七 蔣鈴，〈祭屈原〉，同註三，第四版。

八 陳慶輝，《中國詩學》（台北：文史哲出版社，一九九四年十二月），第一章。

九 漢．司馬遷，《史記》（台北：宏業書局，民國七十九年十月十五日），頁六七一。

十 同註九，頁九〇一。

第二章 總第52期 札根傳統 融入現代

這期頭版，潘頌德的〈努力實踐正確的詩學主張〉，裡面涉及很多深廣的內容，就以《海上詩刊》提出的「扎根傳統、融入現代」，做為詩學宗旨的基本主張。（註一）吾國從清末到民國的所有政治改革、經濟制度，乃至文化政策，就僅在傳統（中國）和現代（西洋）之間，搖來搖去，打來打去，就這樣亂了一百年（或更多）。新詩這塊文學「小圈花園」也一樣，到底是傳統中國文學的傳承？還是西方新東西的移植？不也是吵了好幾十年！都是因為中國失去了「國家總體方向」，導致的結果。

嚴格來說，中國的總體方向（或說正確體制）確定，是鄧小平「中國式社會主義」提出後才定案的，這是一九八二年九月中共召開「十二大」的事。從此以後，全體中國人民才有一個明確的努力方向，中國人走的是「中國式」的制度和內涵，不是西洋的，不是東洋的，也不是馬恩史列毛的，清楚明白中國式的。政治、經濟、工商、文化、文學詩歌……若失去「中國內涵」，便是「非中國」。以新詩（現代詩）為例，否定了傳統或失去中國內涵，還能叫中國新詩或中國文學嗎？

二〇〇八年秋，我讀到青年詩人馬忠先生（廣東作協會員）的著作，《文本與言說》（北京：大衆文藝出版社，二〇〇八年九月），其中一篇文章〈也說詩歌的中國性〉，頗讓人醍醐灌頂。

何謂詩歌的「中國性」？

近日，看了郜元寶的「離開詩」，文中說，「今天，無論是寫詩的還是讀詩的……都是失去傳統的無家可歸——同樣的虛驕傲慢與驚惶失措。」孫文波在「中國詩歌的中國性」這樣說：「在承認全球文化交融造成了中國性喪失的前提下，尤其是詩人的寫作者幾乎沒有中國性可言。」

何謂「中國性？」我想不外是對中華文化的認同，對中國傳統文學詩歌的傳承和發揚。按馬忠和孫文波的文章，是很嚴厲的批判了，該文只承認有些「偽中國性」的東西，即是「偽中國性」，想必也無中國性或非中國性。孫文波還說，國內詩人反而不如海外詩人更懂「中國性」，這是否說海外「華文新詩」比國內「中國新詩」更有民族意涵？

馬忠和孫文波的批判，我認為可以當成警惕，中國人（尤其在大陸的），從二〇〇八年成功辦奧後，民族自信心提昇很多。未來隨著「中國夢」一步步實現，中國人的民族精神會完全回來的。《海上詩刊》的「扎根傳統」，不就是深耕屬於中華文化土壤的中國詩歌；而歷史在不斷前行，要跟上現代腳步成為現代人，因此也要「融入現代」。

原來《海上詩刊》是以錢國梁、朱珊珊為首的一批詩人，在二〇〇六年創建的，我可以常收到這份詩刊，也是因為「認識」錢國梁的關係，只是斷斷續續，有時可能寄掉了，有時可能被當「廣告單」處理。這期錢國樑的〈凝聚的往事不是煙〉和〈心是平衡靈魂的一根支撐〉兩首詩，應該是有點年紀的人才有的心境和詩意，兩首都和我很有共鳴感。原因是前首正合了已叫「老夫」的我，後者因我是佛教徒，知道「三界唯心、萬法唯識」的道理。《大乘起信論》亦說：「心生則種種法生，心滅則種種法滅」，三界道理如是，你讀「**心是平衡靈魂的一根支撐**」，定有更深刻悟道。賞讀另一首，〈凝聚的往事不是煙〉。（註三）

凝固的往事不是煙
那些往事
在記憶中晃來晃去
簡明，清楚，像晶瑩的雪
淅淅瀝瀝，又像透明的雨

閃閃爍爍，影影綽綽
長長短短，點點滴滴
光一樣燦亮上天
影子一樣黯然落地
在內心深處幻成
一份通知一本證書
湖畔柳蔭下一張長椅
燈火闌珊處匆匆一瞥

甚或一次突發事件
一次際遇一次告別
清晰，模糊，仿佛一張張
已經泛黃的老照片

小至即逝的一圈圈波紋
大至世界的動蕩變遷
沉沉浮浮，起起伏伏
曲曲折折，朝朝夕夕
儼如若斷若續
恍如若即若離

凝固的往事不是煙
一幕幕審視一層層相疊
一遍遍爬梳清理

在生命的日照下
蘇醒
在塵世的燭影中
隱逸
而永遠有一束光焰
亮在心裡

這首詩就像在寫我這十多年的心境，相信也寫到很多銀髮族的心境，所以這首詩彰顯了人的共相。錢國梁背景為何？多大年紀？我好奇找「古哥」查，出現好幾個，最高的是中國人民解放軍上將，還有武漢大學教授，沒有當詩人的，暫且不管這些，只欣賞他的作品。

十多年前，我偶然讀到佛經《金色童子因緣經》一詩偈曰：「寢宿過是夜，壽命隨減少，猶如少水魚，斯何有其樂。」人過中年了，就像生活在少水地帶的魚，水一天天減少，壽命也一日日少；又《長阿含經》亦說：「世間無常，人命逝速，喘息之間，猶亦難保。」年過六十，又常碰到熟識的人意外走了，年紀也不算老。

當下，感到驚恐和茫然，回神過來，我立即產生一種決心，排除一切不必要應酬，減少九成旅遊玩樂，要把這輩子所有經驗過的、知道的、想到的，全筆之於書，正式出版，典藏於各大圖書館，至今竟寫了一百多本書。我思故我在，「凝固的往事不是煙／一幕幕審視一層層相疊／一遍遍爬梳清理」，我寫故我在，我在就一直寫到我不在，那些作品還會存在一段時間……到地球第六次大滅絕，一切都不在了。

回到錢國梁的詩，「凝固的往事不是煙／那些往事／在記憶中晃來晃去」，大家常說往事如煙，很快消散不見了，其實不是。詩人把回憶的感覺「凝固化」，成為有重量的東西，暗示那些記憶都有點沉重，因為沉重如石才想起來，人越老回憶越多，這是必然的。「前景」不多，而走過的路和經歷的事不計其數。

這首詩用了很多疊句，閃閃爍爍、朝朝夕夕……以層層強化感覺，也很有傳統詩詞的味道。所有凝固（沉重）的回憶，最後在寂靜中結束，「在生命的日照下／蘇醒／在塵世的燭影中／隱逸／而永遠有一束光焰／亮在心裡」。暗示人生路走來雖經歷過沉重的點點滴滴，甚至難免碰上突發事件，總結的回憶起來，還是寧靜、自在的，心中也永遠是明亮的，是人生最大的安慰了。

金月明在上期有一首〈馬路清掃工〉，這期又有〈木工師傅〉，他可能專針對大城市裡的底層勞工詩寫。在大陸曾流行「底層」詩寫，為廣大的「低端」人民發聲，這種情形有兩類，一者創作者本身就是勞工階層，二者是純詩人也是高知識份子，只是他專挖底層。再賞讀金月明這首〈木工師傅〉。（註四）

慶幸逃離了建築工地
混入了裝潢隊操起木工的活計
業主一聲聲的「木工師傅」
喚回了久違的自尊和得意

老板留下的木工機器
竟然淘汰了魯班祖師的手藝
最可怕那聲響聲嘶力竭
仿佛要把木工的德性吼成聖跡

敲敲釘釘，裁裁拼拼

忙活的一天讓東家滿意
其實，在挑剔的眼睛顧不到的地方
幾乎樣樣都是最簡單的處理

白天，香煙呼呼
夜晚，小酒咪咪
未曾小富隨即安逸
小百姓的生活照樣有滋有味

偶爾想起兒子的學業
平常心隱隱有些抽搐
咱這代混過，後一輩怎辦？
木工師傅解不開自己的難題

一個城市小人物鮮活而滿意的一天，對於金字塔下層廣大的「工農兵」群眾們，他們的生活是現實的，幹一天活混一口飯吃，或給一家子老小最基本的溫飽。至於國家民族如何！世界亂局又怎樣！那是很遙遠的，小老百姓嘛，「白天，香煙呼呼／夜晚，小酒咪咪」，生活就也算安逸了，小人物很容易滿足。

「咱這代混過，後一輩怎辦／木工師傅解不開自己的難題」。這又寫到很多人的共相了，這個問題不光是小人物，高級大人物想到他的孩子未來將如何！也不會有把握的答案。誰都知道，未來變化很大，環境會變，人也會變，兒女想要走的路，父母是難以下「指導棋」的。何況，父母總會先離開這個世界，就更不知道後輩怎辦了！

近十多年來，我所能讀到的詩刊（兩岸三地等），總能讀到「抗日、滅倭」作品，我自己也寫了很多。這和中日關係緊張有關，但多少也可視為中國人的覺醒，民族精神的體現，如這期蔣鈴的〈荷戈抗日打豺狼〉。（註五）

日本豺狼太囂張，橫行霸道動刀槍。
盧溝明火燃曉月，淞滬硝煙烤機場。
東亞聯盟三省據，南京屠殺萬人喪。
奸淫擄掠心毒辣，奪地攻城意猖狂。

華夏兒郎齊奮戰，神州女子改紅裝。
矛頭一致對倭寇，子彈直穿敵胸堂。
四國同仇拳頭勁，兩黨合作鬥志昂。
風波又起釣魚島，台陸合戈保邊疆。
藍色海洋我來也，劈波斬浪水茫茫。

把中國抗日十四年到現在釣魚島風雲再起，這將近百年的中日戰史—倭國侵華史，濃縮於幾行詩句中，引人憤慨，也警惕了海內外的中國人。

但說到根本問題，沒有幾個中國人知道日本為什麼一定要消滅中國？何時開始有這樣可怕的企圖？又為什麼？又已經發動了幾次「亡華之戰」？中國人該怎麼辦？凡此種種，中國人有幾個知道底細？

筆者研究這個問題多年，在我國明代萬歷年間，當時日本野心家織田信長、豐臣秀吉，自感國土狹小，難以壯大，必須消滅中國，以整個亞洲建立「大日本帝國」，並以此為大和民族之「天命大業」。此時開始，倭國發動一次次「亡華之戰」，第一次明萬歷「朝鮮七年中日之戰」，第二次甲午戰爭，第三次民國的「十四年抗日戰爭」。

中國人絕大多數不知道，人家已經在做「第四次亡華之戰」的準備，這是他們的民族「天命」，他們遲早誓必消滅中國，建立大日本帝國。

實際上這是倭人空想幻想，永遠沒有機會的，但中國人不能不防著。筆者在《日本問題終極處理：廿一世紀中國人的天命與扶桑省建設要綱》一書，也提出中國人的天命。（註六）本書明確指出，中國人應先下手為強，或至少在本世紀中葉前，在適當的時機，迅雷不及掩耳的午夜兩小時左右，用核彈（約四顆夠了）一舉消滅這個邪惡的國家，從此亞洲永久和平。

消滅這個「大不和」民族是中華民族的天命，未完成此一天命，中國人子子孫孫永不安寧。消滅倭人，收該列島為「中國扶桑省」，完成元朝未完志業，事關中國之命運。另一位洪敏的〈我仿佛聽到水在抽泣〉一詩，也是目前中國國家發展大戰略所涉及，詩人可能不知道，因為他就是詩人的感受。而我從國家戰略和民族天命看「水」的問題，賞詩。（註七）

我仿佛聽到
水在抽泣

為自己的大量流失痛心
為自己的命運悲切

人們已經看到
地球上越來越少的水資源
使花木漸漸枯萎
大地龜裂

稍有良知的人大聲疾呼
杜絕浪費
珍惜用水
從我做起

水不要哭泣
我們深知你是生命的源泉

從此絕不讓你流失
哪怕一點一滴——

地球上的水越來越少，原因深廣又複雜，至少有百部以上博士論文討論這個問題，還講不完，詩人憂心，用詩的形式期許大家愛惜水資源，精神可佳。

但我要講的，是中國的大戰略架構下，當下面向未來正在做的。二十世紀人類為石油而戰（如美國攻打伊拉克），廿一世紀將為水而戰，這關係整個民族之存亡，中國做為廿一世紀強國，這是要做好「備戰」的，除了全國性水資源調整，如「南水北調」工程、沙漠綠化、恢復森林，筆者雖不是專家，但知道中國人已在進行這些重大工作，事關民族命脈。

更要者，喜馬拉雅山雪水、雅魯藏布江、怒江、瀾滄江、金沙江、元江等，流向外國地區的水，都要適量管控留下，歸我國使用（據知，吾國已有工程進行，甚幸！）。此舉對鄰邦，尤其印度、緬甸、越南有影響，但這是國際政治必要之惡，也是中華民族生存發展必要之私。

遲早有一天地球第六次大滅絕到了！遲早有一天地球上沒水了，所有國家、民族都一個個亡了。中國，你也必須最後一個才亡！

這期也有很多東西可寫，暫時寫到這裡。

註釋

一 潘頌德，〈努力實踐正確的詩學主張〉（上海豫園管理處，二〇一四年八月二十五日），第四期（總第52期），頭版。

二 馬忠，《文本與言說》（北京：大眾文藝出版社，二〇〇八年九月），頁三九—四二。

三 錢國梁，〈凝聚的往事不是煙〉，《海上詩刊》（上海豫園管理處，二〇一四年八月二十五日），第四期（總第52期）。第二版。

四 金月明，〈木工師傅〉，同註三，第二版。

五 蔣鈴，〈荷戈抗日打豺狼〉，同註三，第三版。

六 陳福成，《日本問題終極處理：廿一世紀中國人的天命與扶桑省建設要綱》（台北：文史哲出版社，二〇一三年七月）。

七 洪敏，〈我仿佛聽到水在抽泣〉，同註三，第三版。

第三章　閱讀各家　綴縫成章　總第 53 期

這章要寫些什麼？賞讀每一家作品，針對每一作品寫幾句話，也是一種感想。一詩一世界，即然經主編慧眼刊出，必定有其道理。引文都在本期，不加註釋。

暖墟〈半含春雨半垂絲〉：為什麼古來詩人都窮？可能暖墟的文章說到根本了。「詩人敢於生活。敢直言，敢行動，敢放下。因為這勇敢的氣勢，詩人放棄了名利和金錢，放棄了虛榮和貪婪，在詩人的生命世界裡，只有美的詩情、詩志，還有超脫的胸襟和豁達。」於是，詩人遠離了榮華富貴！失去當領導做大官的機會！失去做富豪升首富的機會！甚至想來個小揮霍開名車買豪宅的機會可能也沒了！啊！詩人，就安心寫吧！

時東兵〈好詩究竟怎麼評判？〉：歷史上（含現在已成文本的）談這個問題的作

品，可能裝滿一個圖書館。當下就這期《海上詩刊》來說，通過編輯群的「認證」獲得刊出，便是好詩，不是嗎？而此刻對我而言，讓我讀懂、認同、共鳴，就是好作品。時東兵在文章一開始，提到林語堂在《吾國與吾民》一書（我也讀過），所述詩歌在中國已經代替了宗教的作用，醫治人們心靈的傷痛。這點從歷史上看，確實如是，可以從屈原、李白、杜甫、李後主……許多詩人身上可以找到「證據」。

錢國梁〈我在河岸邊尋找〉：找什麼？當然是找詩，如同前面暖墟寫的，詩人是真正在生活的人。有人會問大家都在生活，牛羊豬馬也在生活，詩人生活有什麼不一樣嗎？「**河岸是詩意流動的地方……讀詩的人，把河岸／藏在心裡／默默垂釣**」。可以這麼簡說，生活產生詩，詩必須從生活中來。若仍未能悟得，就請文壇老老前輩、吾國明朝大思想家王陽明來說：「**飢來吃飯倦來眠，只此修行玄更玄；說與世人渾不信，卻從身外覓神仙。**」藝術創作者所有想要的，都存在自己生活中。

王耐〈漢字與毛筆〉：「**漢字繪就的中國魂／成就了宵連壤牽的神韵／／擎起一支撐天之筆……護著人類文明的星球**」。中國文明的象徵就是漢字，毛筆仍在其次。中國自秦漢以來之能成為統一的國家，主要是書同文的功能。大陸目前積極在做的，是強化語言和文字的統一，對未來國家統一是重大而複雜的工程。

費碟〈上海的雲〉：上海的雲和其他地方有何不同？至少和青島、福州、重慶……乃至台北，那裡不同？詩中有上海灘、深水港等專有名詞，還能識別。若抽掉所有專有名詞，只有從意象來識別了。全詩氣勢壯闊，「**遵循著江海、雲雨、青山……／書寫著博愛、富強、詩篇……**」。現在中國詩人的作品，已遠離悲情了，中華民族的偉大、雄視、信心，全回來了！

魏守榮〈杜鵑開花〉：經由杜鵑花開和父親喜歡杜鵑花，懷念父親和過往苦澀的歲月，如今只能從父親和杜鵑花的合影，一遍又一遍回顧。最後「**風雨中杜鵑花又開**」，象徵人生旅程有風雨，也會有花開燦爛的季節，詩人也是孝順的孩子。

錢元瑜〈今夜此時〉：難得碰上一位對佛法有「信仰」的人，「**生怕來世不再想起……我望著佛祖／佛祖笑道／風未動，而心已動**」。詩人在今夜此時，一個瞬間的起心動念，他想到什麼？怎麼突然有了魂牽莫名？「風動、心動」是禪宗六祖惠能大師的一個開示公案，解釋「三界唯心」的道理。

孫康〈曾經的那一條巷子〉：所有的大都會都存在的「問題」，因貧富差距造成的「低端」人口區，如老舊未整建或貧民區，未列入都市計畫建設的邊陲落後地帶，都是被他們的祖國母親遺忘了。但是，生命會自己找到出口，「**幾十年喧喧嘩嘩，小**

巷依舊平靜／它那蓬勃的生命卻／一個接一個的啼亮黎明」。生命看似脆弱，其實是很堅強的，不信去低端人口區看看！

朱珊珊〈頭燈的花朵綻放〉：把火車頭燈想像成花朵綻放，再昇華成一束紅蓮光芒，給人很強烈的意象。但詩的主旨是以火車在黑夜中奔向遠方的氣勢，讓詩人的思緒、情境產生遙遠的空靈感，帶動詩意也飛揚起來。

金月明〈秋葉，爲誰而落〉：讀了前幾期金月明的作品，這首最得我心。因為詩意最濃，用落葉比喻人生，單純與複雜，數十年與數秒間，都產生了強烈的對比。整首賞讀之。（註一）

身上的血液已經乾枯
臉上的春色還給了大樹
秋風勁吹的那個清晨
樹枝一顫，心兒一顫
孓然然的抖索

別再說，大限的時刻已經來到
任憑分分秒秒的時間刻度
心中的願望即將成熟
命運，要在終結的那刻
一次把握

想起青蔥婆娑的那個歲月
愛我親我的粉絲，好多好多
在冷肅蕭瑟的秋風裡
還有誰，會在這寒冷中
苦苦求索

拼將一身最後的精氣神
化作最美的姿態起舞
一個翻滾、一次升騰

一番漂泊
向著我的偶像，我的寂寞
慢慢，慢慢地
隨風飄落

我們總將花開花謝落葉等自然情境，比喻人生的短暫與生命的自然結束，回歸大地，這當然是很簡化的比喻。花謝葉落的自然現象比喻死亡，也有降低恐懼感的功能，這已是文學詩歌常用的「現成意象」。

但這首詩除了捕捉並用此意象，進而將「葉的一生」提昇了精神層次（比喻人生奮鬥的經過）。「身上的血液已經乾枯」，可見「他」這輩子苦幹實幹、犧牲享受、享受犧牲，血流乾了！最後是要走人了「大限的時刻已經來到……命運，要在終結的那刻／一次把握」。此刻，心中還有願望嗎？

臨終前必有的回憶，青春年華那些歲月，多少粉絲好友，那些都已經太遙遠。到了人生的盡頭，來一個完美的結束，「拼將一身最後的精氣神／化作最美的姿態起舞……隨風飄落」。讓一片落葉，擬人化精彩的一生，最後功德圓滿，隨緣而去。

詩意之外也暗示著詩人的想法，或他的人生觀，是一個灑脫自在的人，他知道人生如花開花落，不需要太多執著。來了就來了，走了就走了，很自然的事。

楊瑞福〈滄海鹽場〉：人類最古老的行業，曬鹽，意象化成一個個情境，「這一生，我只能不出聲地暗戀／頭頂上火燒的雲／在星星的鼓勵之下思索／在風的逼迫之下結晶……被稱作人生的那種鹹」。人生需要有點鹹味，乃至「重鹹」，否則就太平淡無味了！

費平〈十月的情懷〉：十月，太敏感、太複雜，目前看仍是「無解的習題」，只待未來有解。「奔小康的願景升騰起希望／中國夢之信仰永不會改……」兩岸問題遲早有解，中國歷史分久必合，合久必分。但願未來合了之後，永遠不分了！

曾將旗〈共進午餐〉：一首幽默又打趣的詩，兩個孤魂野鬼共進午餐，聽到鄰桌的咀嚼（應是活人在交談），「一切變了樣了／長江是一條小河／上海是一座小村莊」。這可能是很久以後，地球第六次大滅絕來臨（或尾聲），有警告世人的力道，大家要愛護地球。

張建國〈寫給詩友〉：這首詩意象不夠鮮明和集中，「緊繃在素箋上的種子／生出個性的根系／既長成／別人的一道風景／也長成／自己的一份收成」。這可能和朋友有「個性」上的爭論，詩人如是回答，個性的形成很複雜，影響人生事業最大也是個性。但這首詩寫出人世間的「因緣法」，這是佛陀悟道後發現的第一個真理，一切都是因緣所成。你長成別人的風景，別人也影響了你的命運。

王成榮〈呵，靈山大佛〉：身為佛弟子，心中佛常在，只是難得碰上寫佛的詩人。佛教是中國「國教」，秦漢以來在中國傳揚二千多年，中華文化的三個核心價值（儒、佛、道），許多不識字的老人家也能講幾句「佛法」。「**你挽青龍牽白虎／背倚靈山面太湖……**」。佛教在中國夢裡，是重要元素，復興中華必須復興佛教，是我師父星雲大師一生努力的目標。

沈仙萬〈詩鄉的雲〉：一首浪漫的抒情小品，散發淡淡的鄉愁和戀情，詩人大概是遠離故鄉的遊子，或城市裡打拼的青年，中秋節沒回家。賞讀他的詩。（註二）

詩鄉的雲特別輕
在中秋飄進故鄉
剪成一片一片思親的信箋
在荻涇河的淺唱中投進郵箱

詩鄉的雲特別美
在中秋羞紅了臉龐
萌出一葉一葉相戀的情書
在菊泉的低吟中生長

詩鄉的雲特別帥
在中秋閃亮登場
演繹一曲一曲水鄉的色彩
在顧村公園的節目裡飛揚

詩鄉的雲特別親
在中秋融進夢想
塑造一個一個城市化的奇跡
在黃浦江的大合唱中蕩漾

四段十六行結構嚴謹而詩意情意輕鬆的作品，看他談戀愛的好情境，也是一個個性開朗的詩人。以自己的思緒情懷形像化成雲，雲變化出四種意象，輕、美、帥、親，分別象徵在中秋這季節裡，詩人感情投向四個對象，親人、戀人、自己住處附近和整個城市。

「塑造一個一個城市化的奇跡／在黃浦江的大合唱中蕩漾」。城市裡有很多問題，到處都是黑暗，是全球各大都會的「共相」，詩人都不提，加以美化，他應該是一個很樂觀的人。另一個叫洪敏的作品，挖出了現代化腳步下城鄉問題的嚴重。

洪敏〈膨脹的城市和萎縮的鄉村〉：紐約、東京、倫敦、馬尼拉、馬德里、亞非南美各大城市……只要人口大量集中的地方，相同的問題，無解，惡化腐化中。筆者和洪敏一樣，不很樂觀，因為各大都會的「悲慘世界」，不斷出現在眼前。賞讀洪敏的詩。（註三）

是喧囂、廢氣——
是城市的本性狂妄

還是湧進城市的淘金者
使城市肺鼓胃漲
身體不斷膨脹

是軟弱、好客——
是鄉村的秉性善良
還是另有所圖
使鄉村日益消瘦　節節退讓

鄉村在不斷萎縮
遲早有一天徹底消亡
膨脹的城市
貌似強壯
然而賴以生存的稻穀、蔬菜
無法在水泥地上生長

遲早有一天　城市
餓癟了胃腸
只能向月球乞討食糧

把鄉村和城市擬人化，鄉村遲早有一天徹底消亡，城市也會餓垮了，向月球乞討食糧，這當然是象徵性的詩語言。但也代表詩人憂國憂民的情懷，他看到問題怎能不說，詩人真於性情，這正是中國傳統詩學的言志、抒情觀，對於世間「真」的事情，詩人所見所感不能不寫。

古人常說「千古文章，傳真不傳偽」（袁枚《答蕺園論詩書》）、「詩可數年不作，不可一作不真」（劉熙載《藝概．詩概》）。凡此，都是吾國文壇詩界老祖宗們，留下最珍貴的「智慧財產」，中國文學的靈魂。

蘇緣〈折射〉：這老兄（?）看起來很悲觀，但悲觀有兩種：一者「健康的悲觀」，如存在主義；二者「病態的悲觀」，如新聞報導的許多各類失敗而自殺者。這位蘇緣（吉林）是那一種悲觀。（註四）

這世途
有多少情
不卷雜著虛浮的塵沙
這人間
有多少愛
能留住眷戀不糾結的掙扎

我疲憊在這人間仕途
無以領略歲月的優雅
只悲傷著枯萎而腐蝕的芳華
淚水無以洗滌世俗的面紗
也無以融化蒼涼的人間天涯

回眸凝望
那歲月的長河裡
流淌過多少愛的思念

和永恆的情懷
我無法無視黑暗與冷酷的殘骸
在世故的天空裡隱藏在冰凍的雲彩
靈魂的脊梁在鋒芒的仕途裡
將晨曦在黑暗中跨越
已蛻變生命的悲傷
太陽映射在寒冷的風花雪夜
還原著世俗的塵埃

詩人應該是走過不少人間艱困的路途，飽受過仕途職場上的人情冷暖，乃至冷酷對待或傷害。第一段質疑人世間到底還有沒有情和愛？其實很難說，萬法唯心，職場社會社交圈裡，說無情愛亦無情愛，但情愛在那裡？在外？在內？恐怕要從人「心」中先「生」出來！

第二段詩人被環境打敗了，「**我疲憊在這人間仕途／無以領略歲月的優雅……也無以融化蒼涼的人間天涯**」。人生有人在江湖的不得已處，這位老兄應該是當官的，「仕途」通常就是從政官員。筆者出身政研所，一輩子研究政治，不論國內或國際政治只有二字形容，「可怕」，完全是叢林法則的競爭。

第三段詩人做個反思做總結，即然當了官就得為國為民服務，天大的困局也要面對，不能就被打敗了。「**我無法無視黑暗與冷酷的殘骸……已蛻變生命的悲傷／太陽映射在寒冷的風花雪夜／還原著世俗的塵埃**」。詩人鼓起勇氣了，風花雪夜不會有太陽，詩人從心中生出一個大大的太陽！

宗月〈大雁塔〉：「**導遊的小旗像頭雁，准時遷徒。……禪與蒼天一樣高**」。我從不參加旅行團，因為感覺走馬看花沒意義。觀光歸觀光，禪佛歸禪佛，這是兩個不同世界，沒有一位觀光客看一回佛塔就悟道了。

費凡〈大海〉：「**我想／它和我的未來一樣／遙遠，波瀾壯闊**」。住在江蘇的十歲小詩人，詩的末二段很有詩意，用遙遠和壯闊兩種意象，連接自己和大海的未來，很有氣魄的孩子，加油！

顏志忠〈心中的綠舟〉：「**啊，綠舟／駛進老百姓的心房／才真正抵達母港／國家目標社會取向公民準則／已卷起回響**」。這世界沒有任何一處是完美的，任何地方都有問題，假如心中不存在一塊綠舟，活著很痛苦。此處也指國家、政府官員，要把綠舟（希望、富強、繁榮等），駛進人民心中，才算真正到達「母港」，暗示民心才有決定性的力量。

朱毅文〈耶拉河〉：「耶拉河的河水變黃了／街上行走的膚色也黃了／澳洲的中國人更多人……」人口是一種力量，全球中國人現在約十五億，大陸要鼓勵生育，以國家力量進行全球移民，馬雲說的「全球中國化」，將會加速來臨，非洲已成「中國的第二個大陸」。

趙靚〈哭屈〉：已經哭了二千多年了，就別再哭。「他的心已經到了遠古之鄉／追尋那心之故鄉／他的魂飄在空中／可否安息？」屈原已安息，並得平反救贖，不信可看司馬遷《史記．屈原賈生列傳》、班固《離騷贊序》、王逸《楚辭章句》，還有歷史、民間對他的敬仰、禮讚，他已昇華成永恆不死的神！

海峽兩岸情
Brotherhood and Beauty from Taiwan
台灣畫家周榮源上海豫園展
Exhibition of Zhou Rongyuan's Fine Paintings in Yu Garden, Shanghai
展出时间：2014年9月26—2014年11月2日

第四版是〈豫園．海峽兩岸情〉專輯，台灣畫家周榮源的上海豫園展，他是苗栗人，一九三七年生，政戰美術系畢業，二〇〇八年曾到豫園辦個展，這次以《豫園秀

色圖》創作，再次辦個展。

金月明，讀《豫園秀色圖》：「長長的手卷／畫不盡濃濃的愛國情意／繪畫讀畫的，今日同心同理／就盼祖國啊快快統一」。中國的統一，是海峽兩岸，各行各業努力的目標，隨著中國的崛起，離目標不遠了！

朱珊珊〈讀不盡的水墨畫境〉，致台灣畫家周榮源：「百鳥藏起來，溪流躲起來……沖出去，就是迷人的仙境」。我欣賞國畫，但對畫則是完全外行，只能聊聊閒話，詩人說仙境就是真正的仙境。

蕭海珍〈翰墨風光〉：「翰光暉兩岸，文緣盛景照三生……攜手共描中國夢，弘揚國粹努力行。」文化是兩岸的共同理想國，國畫則是兩岸共同語言，只有在這裡兩岸才有共同夢境。

單子堅〈和諧彩墨〉：「國粹畫書妙高台，中華兒女展佳才……神州葱葱氣佳哉。」國家富強了，各行各業顯得有精神，人民也有驕傲

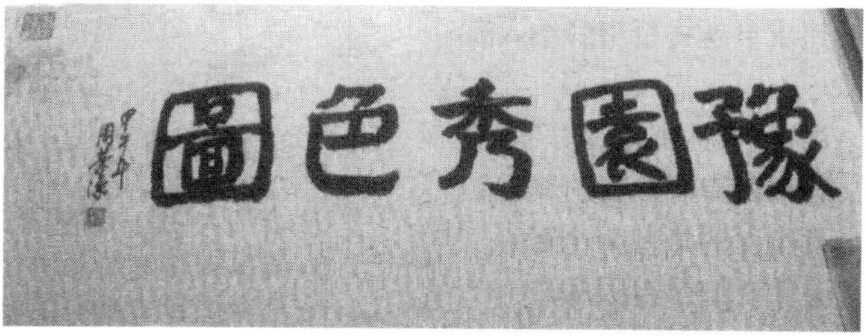

感、偉大感，這是我堅持當「台灣人也是中國人」的道理。

註　釋

一　金月明，〈秋葉，為誰而落〉，《海上詩刊》（上海豫園管理處，二〇一四年十月二十五日），第五期（總第53期），第二版。

二　沈仙萬，〈詩鄉的雲〉，同註一，第三版。

三　洪敏，〈膨脹的城市和萎縮的鄉村〉，同註一，第三版。

四　蘇緣，〈折射〉，同註一，第三版。

第四章 總第54期 從每一首詩捕獲一些感動

發行一個詩刊不容易，要很多人參與，編輯群要傷很多細胞，把好作品刊出。再者，這個詩刊從祖國上海寄到台灣，經過千百里海空航行，終於送到我手上，雖然有不少中途「改道」，不知去了何方！所以我總珍惜這份刊物，也是珍惜詩刊人緣，他們記得台灣有個我！

構想著怎樣好好讀這詩刊作品，不要像看報紙一樣，看過標題就丟了。經過上章的閱讀書寫方式，感覺是可以較深入賞讀每一家作品，針對一個作品寫幾句讀書心得，綴縫成章，本章依然如是進行總第五十四期的閱讀筆記，觀賞各家風景。

孫琴安〈結構、意象與詩〉：又是一個很深寬的問題，「結構」易於理解，本文不述。至於「意象」，孫琴安說「古代詩話中不甚多見，尚不如「興象」詞居多。我則以為意象是中國詩學的重要審美範疇，可以說意象論是中國詩學的「大門入口」。

在王弼《周易略例．明象》、劉勰《文心雕龍．神思》、司空圖《詩品．縝密》等，已有說明，歷代詩壇論述也多，要寫的有系統需要一篇論文，本文不深談。

就我們一般寫詩的詩友，可以這麼形容意象在一首詩中的地位。意象是構成一棟房子的各組成部份，如磚、牆、柱、頂等，而建好一棟房子是意境，一首好詩通常要意象和意境，尤其「經典」更要講究這兩種要素。神奇的是，文學、藝術沒有「定律、準則」，有的傳世經曲不講意境，也把意象當破鞋丟了！所以意象意境到底要不要？

孫康〈有緣在玲瓏石旁〉：「因為與美麗豫園有緣／最愛在細雨如絲的春天／撐一把雨傘／賞心悅目佇立在玉華堂前……」。隨著詩人詩意，想像現在我也在豫園散步，但豫園從何而來？我好奇問「古哥」，原來豫園大有來頭，是上海著名觀光區，位老城廂東北。始建於明朝的古典園林，完成於明嘉靖三十八年（一五五九），為四川布政使潘允端私人園林，用於「愉悅老親」，「愉」和「豫」同音而得名。

錢國梁〈活著，離凋謝還遠〉：這首詩對我有鼓勵和安慰作用，十多年來我把每一天都當「最後一天」過，可以說把握了每天的每個時段，做自己想做的事（完成計畫要出版的著作）。當然，其他方面（玩樂、交際、旅遊等），幾乎全部「犧牲」，因為明天，也許就不來找我了。賞讀錢國梁的詩。（註一）

活著，離凋謝還遠
幾度花開花落
劍一樣的時間風雨
穿透大半輩子的蓄積
一晃，竟然老了
累了
月色漸漸暈散
風華也漸漸落令

思念沒有枯萎
寂寞的濤聲
幽靈般從心間划過
宛若一縷縷煙雲
多少年如水的摯情

浸潤日月星辰
裝飾過世界，也
裝飾過自己的靈魂

此刻推開歲月之門
眼下已由秋入冬
走入憶念的花蔭
挽起曾經的歌聲和愛
和打動過的曾經一些人

錢國梁多大年紀?他「一晃，竟然老了／累了／月色漸漸暈散」，通常以滿六十五歲可叫「老人」，人過六十心境就不一樣，這很奇怪。

「劍一樣的時間風雨」，這句意象鮮明而尖銳，尤其用「劍」比喻時間風雨，劍的意象是鋒利的、快速的，人生大半輩子竟被「一劍刺穿」，很驚恐的比喻。

光陰如劍的「追殺」每一個人，讓人老，讓人累。幸好詩人是一個樂觀積極也深悟「因緣法」的人，「思念沒有枯萎……裝飾過世界，也／裝飾過自己的靈魂」。人活了一輩子，可以歸結「人人為我、我為人人」的理念，眾生都是相互關係的，沒有任何事物是獨立的存在。讀錢國梁這首詩，情境和我以前讀過卞之琳的〈斷章〉一詩類似，理念相同。（註二）

你站在橋上看風景，
看風景的人在樓上看。
明月裝飾了你的窗子，
你裝飾了別人的夢。

二千多年前，釋迦牟尼佛在金剛座上菩提樹下悟道，第一個悟出（發現）「因緣法」，即宇宙間一切都是因緣合和而成，沒有獨立存在的東西，如房子是很多不同東西和人的合作而成，一顆石頭、砂、生命都是，所以也叫「緣起性空」。一切都是緣聚則生成，緣散則滅逝，宇宙人生皆如是。

我們自己總結一生，你曾經裝飾了別人的夢，或也曾打破了別人的夢；而外境也在裝飾你的夢，或也曾經打破你的夢。無論如何？「挽起曾經的歌聲和愛／和打動過的曾經一些人」，黃昏依然是美景，活著離凋謝還遠，就讓自然界的因緣法去自然運作吧！

費平〈西沙濕地上的船〉：詩可以讓人「起死回生」，可以讓人「千年不死」，可以叫萬物「復活」，這些都是真的，不是騙人的。如這艘被人丟棄在濕地的腐朽木船，「擱淺的殘骸」已經是壞死的廢物了。詩人不捨眾生，「今天，讓我約你重起步／拔根蘆葦做桅杆／在瀛洲的黃昏起錨／帶一串蟛蜞朝著地平線／迎著海上風去開闢新航路」。船復活了，起死回生，迎向他的新旅程，創造新的故事，詩在船在，隨詩航行流傳留芳！

嚴志明〈遠去的雁群〉：這首詩寫出深沉的感傷，遠去的雁群象徵消逝、遠離，又以秋氣為意象，讓詩意蕭索又厚重，詩人如此感傷，必有什麼事佔據詩人整個心頭。賞讀他整首詩。（註三）

雁群飛過秋天的黃昏
沉重的鳴叫聲跌落在蒼涼大地

跌進高山流水
深入我的眼睛底部

河邊沉默的石頭在仰望
冷涼的風把它吹得越來越瘦
村落邊的老樹心事重重
削瘦的肩頭上鳥翅站不穩
起風了秋空蒼茫幽深

是誰在歲月裡喊痛
讓我沉重
是雁群翅膀鳴啼的分量

高遠處曠空喋血
我傾聽沒有停頓的雁鳴

一直在廣漠天空上彌漫
又在蒼寂原野中流淌
在高遠與深沉之中
讓我無法分辨
哪兒是哭泣
哪兒是鳴啼

《春秋繁露》（漢．董仲舒著，歷史上有「孟子後一人也」之譽）上說：「春氣愛，秋氣嚴，夏氣樂，冬氣衰。」除了自然氣候給人的感覺外，秋天給人的風俗習慣，如古代死刑都在「秋後判決」，人與環境互動的結果，秋天變成嚴厲、憂愁的意象。最後，革命女俠秋瑾（字璿卿，又字競雄，號鑑湖女俠），在臨刑前再給秋天做了「蓋棺定論」，謂「秋風秋雨秋煞人」。秋，就真的是永難翻身了，秋使人愁。但筆者以為，也還和人的心情情緒有關，秋水伊人、秋波微轉，不也是讓人欣喜！

〈遠去的雁群〉詩人從意象上做了增強效果，沉重的鳴叫聲「跌落」，鳥的叫聲人是不懂的，詩人在前面加上形容詞「沉重的」，已經夠重了。聲音只是聽覺傳達，「跌落」是物質的觸覺，沉重的鳴叫加跌落，是重中之重，乃詩人心頭的沉重。

冷冷的風把石頭吹得越來越瘦，誰在歲月裡喊痛，曠空喋血，這些意象都沉重又傷痛。結論是無法分辨哭泣或嗚啼，暗示人生很多傷痛是無奈的、無解的，也找不到為什麼？這就是人生，很多事情的發生確實如是。

金月明〈高棉的微笑：寫在柬埔寨吳哥窟〉：很多人花時間金錢去看吳哥窟，看南美洲馬丘比丘，我從來沒有想過要去看，因為這些是「死文明」。二十年前隨旅行團到歐洲一遊，參觀某皇宮，導遊介紹拿破崙和情婦某某在這浴室洗澡。我心想這關我啥事？要看這種地方，還不如到西安看唐明皇和楊貴妃洗澡的華清池。

王耐〈我與蜜蜂同樣期待花季〉：「呵，工蜂究竟去了哪裡／我期待的豈只是來年花季」。一隻蜂，一隻鳥，或蝴蝶，飛入庭院花叢中，都市人難得碰到一個小小的興奮，想多看幾眼或快用相機拍下，這瞬間你的感動是什麼？除了來年花季，希望牠們有緣再來。

朱珊珊〈夜行火車〉、〈緩緩駛進小城〉：這位詩人是不是火車通勤族或火車迷，她經常要乘火車，上一章她的詩寫火車，這兩首也以火車為核心意象。「火車，像一位趕路的人／帶著一把耀眼的手燈」、「鐵輪艱難地停下／像一個得了關節炎的老人」。都將火車擬人化了，因為她常坐火車，甚至坐上整夜，和火車就有了心靈上的連接，「今夜，和火車一起顛簸／我的冥想是否旋轉……」。但，這火車好像舊式老火車，不像現代大陸高鐵。

孫康〈東方維納斯：獻給楊佩女士〉：筆者也曾在某地親眼看見這樣叫人感動的場景，也佩服大詩人李白在千多年前就說「天生我才必有用」。世上有不少克服天生不足或後天有缺者，創造出另一種真善美，對這樣的個案，我們給予讚嘆，賞讀其詩。（註四）

她引起我的注意
為繡一幅百歲壽圖
我一直注視著她的繡姿
用腳，一支殘存的腳肢
她已經失去雙臂很久
牽拉過多少根彩線絲縷的她

抽絲般的細心動人
她的腳似乎比那些姑娘的手指
更具靈感和構圖魅力

她用腳趾穿起根根微笑
美麗絲線穿梭于圖紋之間
她是一只飛舞春風的百靈
用腳繡出一道人生的燦爛

中國活著的維納斯
激起多少人的由衷讚嘆
一個把夢繡成千姿百態的姑娘
將自信和技藝匯于一腳之上
她這一路起來的歲月該多辛酸
堅強

「她引起我的注意……她已經失去雙臂很久」，詩引起我高度注意和感動，因我數十年來和眾多「維納斯」們有某種感覺上的連接。

長久以來，我使用「口足畫藝」朋友們的卡片和年曆，如圖中的每一位維納斯，都有他們動容的傳奇故事。

孫康的詩寫的是他看到的中國維納斯楊佩女士，我知道的這些口足畫藝朋友，他們生長在台灣，也可以都是中國維納斯，同樣受到讚嘆。他們走的道路辛酸，確是叫人鼓舞和禮敬的。

費碟〈一壺茶〉：這詩又寫上我心兒，五歲開始喝茶，從無一日不喝，從早喝到晚，至今喝六十多年了，不忘初

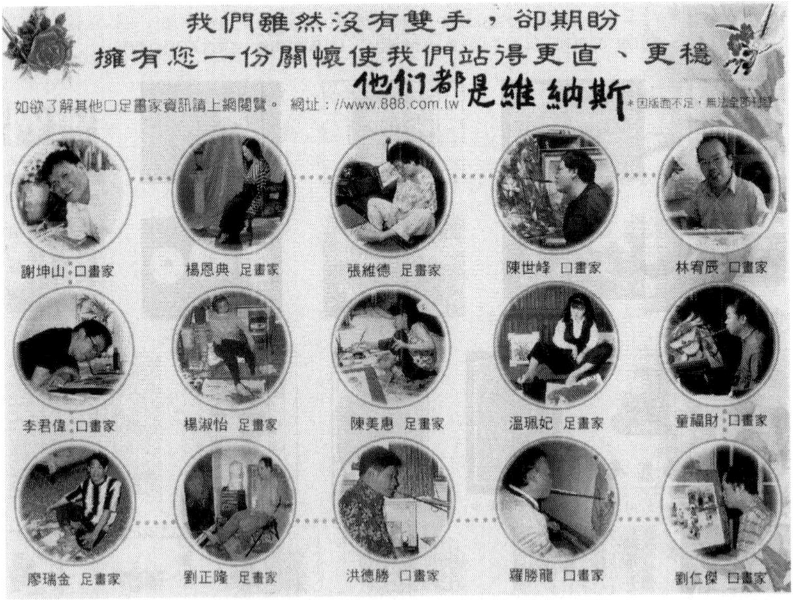

心，不改其志，且就愛喝綠茶。喝茶必有一群茶友，「**四五個杯子四五種想法／從外馬路尋道而來／四五個腦袋／像茶道演繹的花……**」就算現在咖啡流行，我仍喜歡老祖宗的品味。

顏志忠〈犁〉：多久未見這種場景了？「**前頭把老牛緊緊勒住／後頭牽著農人腳步……**」只剩觀光區看得到，目前各國在夯 AI（智慧機器人），不久後，這個演出就是牛和機器人了。

錢元瑜〈與繆斯的約期〉：聽說詩人作家之所以能創造出好作品，是繆斯的功勞，但找遍中國文學發展史，找不到「繆斯」，只有言志、抒情、比興、神思浮游等。「**誰與我撞個滿懷／盜走我與繆斯的約期**」。繆斯被盜走了，也許詩國疆域將更廣闊。但，誰能到走繆斯呢？

劉希濤〈青竹〉：中華文化中的「四君子」，只要提到「國畫」就是指中國千百年來的繪畫藝術，世界所獨有。「**只因我了解腳下／這片神奇的土地／它給東方明珠以高聳／它給蘇州河水以煥發**」。這世界上，一切的「果」必有「諸因」，就像你血液為什麼流著中國人的血？必有基因！

孫雲卿〈無題〉：這無題裡面含有如宇宙般大的題目，佛法就在其中。「**看花一**

辦／世界就在眼前／看水一滴／大海就在指尖」。有此氣魄和智慧的詩人，應是不多的，可以從一朵花看天堂，在一粒砂中看世界，亦正是「三界唯心，萬法唯識」，宇宙萬法盡藏汝一心中。

楊瑞福〈遠方的馬場〉：「鞭子抽在原野的背上／痛，抽搐著本該裊裊升起的炊煙」。可能是詩中「馬場」的意象不夠強（鮮明），詩意也不夠集中，對主題的感受有些平淡。

奚保麗〈冬天的感〉：地球上每個位置緯度和標高都不同，四季景像就不一樣，給人的感覺差異很大，加上人心境就更不同。詩意應該是中國北方，「一河薄冰……雪，繼續輕。它塗抹的白／空靈得不需要——只言片語」。冬景就是空靈的感覺，但最後一句語意有重複之嫌。

金月明〈頌古蘭〉：「追隨先知穆罕默德／就是種下了終生的信仰」。能流行並發展千年的宗教，不論基督、天主、回教或佛教，必有其吸引人的地方，這也和各民族文化文明有關。西方大多「一神教」，中國則是「泛神教」，並以佛教為「國教」，這是中華文化的關係。

華芝楨〈我最親愛的水手〉：詩人向誰告別？如此深情，「最親愛的」定是親人。

「**卻也不知你究竟看到沒有／我的眼眶／早已盛滿了一整片汪洋**」，這是多麼不願的離情，又多麼壯闊！眼睛盛入一個太平洋的水（淚水），暗示一種極深的愛。

洪敏〈知識的翅膀〉：這是中國夢的詩意傳揚，大凡有助於中華民族之復興，有益於中國之完成統一，有利於中國夢的實現，都要以我筆頌讚鼓舞之。故賞讀整首詩。（註五）

中國夢　十三億華夏子孫的理想
理想插上知識的翅膀
中國夢　夢想成真
理想　如願以償

看　神舟飛船登月
嫦娥仙子不再寂寞　彷彿
航母巡航在祖國的東海　南海
震懾一切跳梁小丑　魑魅魍魎

南水北調工程
讓貧瘠的黃土地奔赴小康
跨海大橋　洋山深水港
把世界文明和進步拉到我們身旁——
當理想插上知識的翅膀
實現了祖祖輩輩的夢想

當我一頭扎進種植知識的沃土
就像綠色的生命栽入黑色的土壤
我的根須　軀幹　枝葉
盡情的汲取水分　營養——
我漸漸地，漸漸地強壯
深深的感到知識的分量

把知識和理想結成群體

讓理想插上知識的翅膀
夢　十三億中國夢
在神州大地翱翔——

這個詩題有詩意也有深意，詩人除了是寫詩的人，可能也是高級知識份子或有理工背景的人，深知「知識就是力量」，知識關係國家民族的強弱。眾人皆知，老美半世紀前太空人已在月球散步，中國才計畫要趕上；半世紀前美日航母已在太平洋橫行，我們現在開始建造。這一切的勝敗強弱，就在「知識」二字，五百年前西班牙探險隊登陸南美，用二百枝步槍消滅（屠殺）馬丘比丘大帝國，因為有「知識」，即有力量。

中國為何至今無法統一？讓台獨份子天天囂張，明暗都在搞「去中國化」。因為知識還不夠強大，還無法壓倒「美國知識」對台灣的控制。讓我感到安慰、驕傲的是，我中國人已可以在全世界「大聲說話」，開始有了「話語權」，原因在我們各領域知識越來越強大。

詩人深知沒有知識的理想是空想、是幻想，所以「**把知識和理想結成群體／讓理**

想插上知識的翅膀」，這裡兼顧知識學術和詩語言的運用，也使知識裡含詩意。

木紫〈**星語**〉：「你不知道／你永遠也不可能知道／那壓在心底的／想寫給你的詩句／每天都縈繞在心頭／揮之不去」。這我知道，也有經驗，寫詩的人為創作出好作品，特別是醞釀一首較長的詩，就如這詩境。別人無法想像，也永遠不知道。

趙靚〈**愛上江南**〉：從古到今，許多人都愛江南，許多皇帝都愛江南，古來江南詩也多。「我曾在湖邊游走／那煙靄畫船／許我一世清夢……」我沒去過江南，但知有四百八十寺，有千里鶯啼綠映紅。（杜牧〈江南春〉）

王耐〈**兜底端**〉：「官小心黑成巨貪，有箍無咒亦枉然。制度籠子今上鎖，老虎蒼蠅兜底端。」希望習近平領導班子重視這個問題，因為貪腐必然對中國夢的實現，產生極大殺傷力。

第四版是〈豫園．重溫經典〉，歷代書畫名作臨摹展，這版的詩作如靜斎、蔣鈴等大概針對展品而寫。但黃葉飄飛的〈石磨〉和邵天駿的〈秋葉〉，應是自由揮灑的創作。「這枯黃的落葉……一葉知秋」、「昨夜，我夢到我的祖輩們／躺在石磨邊，深深吸吮著大地的體香」。詩人的想像力和敏銳度，是詩人「夢工廠」的兩大設備，有了這兩大設備，好詩便能如泉湧般「量產」。

富春山居图(局部)·徐厚松

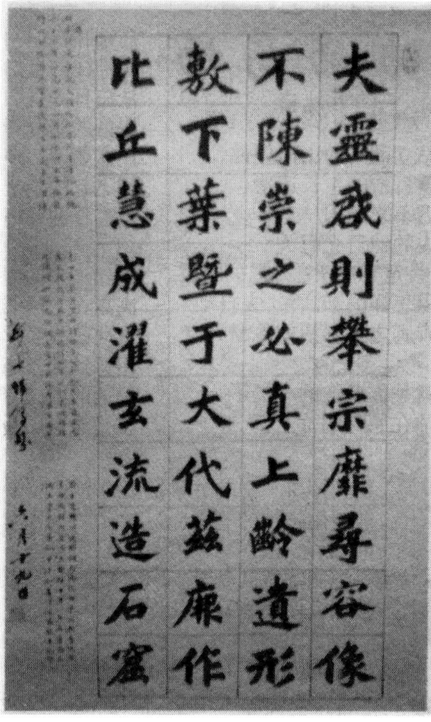

书法·周伟俊

旭日东升　单子坚

註　釋

一　錢國梁，〈活著，離凋謝還遠〉，《海上詩刊》（上海豫園管理處，二〇一四年十二月二十五日），第六期（總第54期），第二版。

二　卞之琳，一九一〇年生，海蘇海門縣人。一九三三年北京大學畢業，同年出版詩集《三秋草》，一九三五年出版詩集《魚目集》，一九四〇年又有《慰勞信集》。他後來的創作和生活，筆者所知有限，只知他一九七九年出版自選詩集《雕蟲紀歷》。

三　嚴志明，〈遠去的雁群〉，同註一，第二版。

四　孫康，〈東方維納斯：獻給楊佩女士〉，同註三。

五　洪敏，〈知識的翅膀〉，同註一，第三版。

第五章　寵愛第四版　豫園書畫善會　總第56期

前面各章都從第一版開始寫，到第四版就感覺超過一章的長度，好像草率的提前結束，如此冷落了第四版。因此，本章僅寵愛第四版，針對第四版寫心得。

本版主題〈豫園．墨韵弘善〉，是「豫園書畫善會」會員作品展。刊出的國畫有：王克文的〈清曉〉、戴敦邦的〈欲窮千里目，更上一層樓〉、陶為浤〈影搖江浦月〉和呂登洪〈三羊開泰〉，及吳昊的書法。書畫都是外行，只能初淺的欣賞，僅針對新舊詩賞析，朱珊珊〈山與山之間〉。（註一）

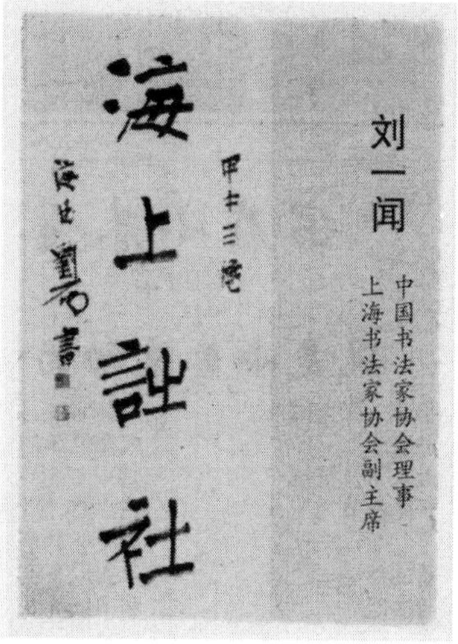

山與山之間
流清泉一泓
我聆聽天籟中
輕妙的心靈
在一個陽光燦爛的日子
放飛我萌動的好心情……

山愛撫著水彰顯力量
水輕倚著山喝咏生命
一個顯堅韌
一個有奉獻
孕育萬物
又潤物無聲

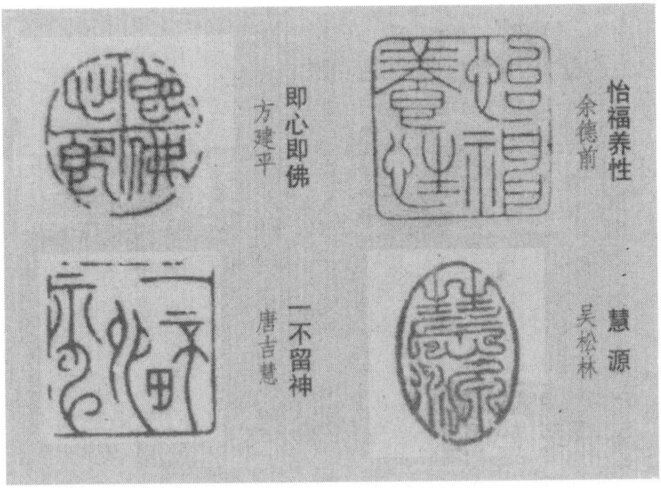

兩山之間必有谷地江河溪流，有水就有了生命萬物，身在其中，你感受到什麼？

「我聆聽天籟中／輕妙的心靈／在一個陽光燦爛的日子／放飛我萌動的好心情……」。人要能與大自然對話，才能聽到自己心靈的聲音，詩人大多有這樣的修行高度。

詩人透過山水的互動，從它們的形像提出鮮明而簡單的意象，一個是堅韌的勇者，一個是柔軟的奉獻者。經由它們的互動合作，孕育萬物，這功勞是很大的，最後一句「又潤物無聲」，暗示山和水的謙虛，布施一切，無聲乃至「無相」，人們應向山水學習。賞讀金月明的〈筆墨為善〉。（註二）

善心如墨
被歲月研磨得越來越濃
不變的情感
落筆竟有千鈞之沉
化作丹青幅幅
讓世人倍加珍重
書畫緊連慈善

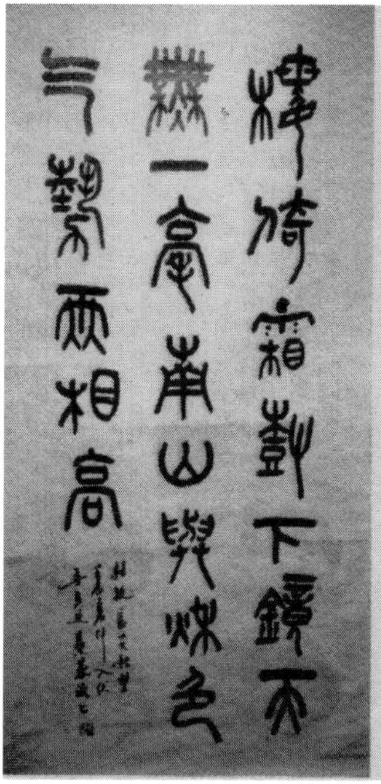

书法　吴昊

先賢錢慧安的良苦用心
今天，戴敦邦大師最懂
並非僅僅是惻隱之心
而是立身之本，描繪之功
真誠是畫幅的靈魂
善心比什麼都重要

「豫園書畫善會」，顧名思義，應該是和慈善工作有關，判斷可能一群畫家以他們的作品，拍賣所得做慈善之用，詩人才說「書畫緊連慈善」，實在可敬可佩！「並非僅僅是惻隱之心／而是立身之本，描繪之功」。這又將慈善提昇了境界，成為一種安身立命之「道」。

詩中提到兩位了不起的人，我又好奇查問「古哥」，原來都是大有來頭的畫壇名家。錢慧安，初名貴昌，字吉生，上海浦東人，道光十三年（一八三三）生，宣統三年（一九一一）卒，他是「海上派畫家」，這是否「海上」詩刊有些因緣？不得而知。

戴敦邦是現代人，江蘇江丹石馬鄉人，畫家，一九三八年生，一九五六年上海第一師院畢業。作品有：《戴敦邦緣畫紅樓錄》、《戴敦邦新繪全本紅樓夢》、《戴敦邦道教人物畫集》、《戴敦邦新繪全本水滸傳》、《長恨歌》、《聊齋》、《石壕吏》等。

「豫園」、《海上詩刊》、「豫園書畫善會」，除了詩刊偶爾翻閱，餘皆我知識、經驗以外，未聞未知。但想必都有深厚的歷史文化因緣。賞讀邵天駿的〈詩情畫意〉。（註三）

詩　舞文弄墨幾多痴，但見春來萬馬馳。
奮力揚鞭揮手去，蹄聲陣陣皆成詩。

情　有情有義訴真誠，互道珍惜好運登。
開啟心扉尋友誼，人間與愛總相逢。

畫　風情盡在畫中間，片片梅花夢幻千。
雲霧輕飄逐日月，凌寒傲骨樹連天。

意

意深總想訴真情，濃淡爭春任意評。
精彩點滴實可會，天高雲淡亦分明。

作家、詩人、畫家，乃至雕刻家、攝影家、書法家……不計其種類的「藝術創作者」，除了使用創作工具不同，完成的作品形式樣貌不同，其他再也找不到那裡有什麼不同了。所有各類作品的共通語言，就是「真善美」，「真」放前面有限定作用，指美和善要在真的前提下，才是真正的善和美。不真，便是假，假意必不善，偽即不美。所以這是很「嚴格、嚴肅」的，創作者要從嚴自我堅持真善美，才能產出真善美作品。

是故，別小看了「舞文弄墨幾多痴」，堅持「有情有義訴真誠」，心境就自然天高雲淡，詩情畫意中就生出真情。古人說「千古文章，傳真不傳偽」，又說「詩是心聲，不可違心而出，亦不能違心而出。」其他種類的作品亦如是。賞讀趙靚的〈春歸〉。（註四）

時至大寒，江南，始落葉滿地，
如過去的愛恨糾纏，覆了一地。

蕭蕭，臘梅，
冬去春來，一切在交錯，
唯有春意仍盎然。
別怕，暖心，
歲月雖有變遷，時令雖有變幻，
我堅強的心，
依然迎接著愛的春光。
明媚，鮮妍，
如初生，如青春的皇冠，
戴在我的頭上。
就讓這落葉根植大地，
那竹，那松，那冬青，
以及各種常青樹，
給了冬天一半的綠色，
還有各種顏色的植物和葉子，

呈現奇異的美麗！
何況臘梅，已經等不及第一個報春，
春歸，我們心裡的春天，
何時都還在啊！

二十一行一氣貫通到底，但意象太多造成分散的感覺，若在三個句點處分段，有簡化、集中意象的效果。

春夏秋冬只是自然循環，自然界的自然環像，關鍵還在人心，「我們心裡的春天／何時都還在啊！」。敍利亞戰爭打不停，就算春有百花冬有雪，人民依然水深火熱；台灣現在被一群「台毒」竊佔，就算四季如春，民心依然苦寒。

我發現，大陸各行各業的人們，悲情遠離了，民族自信心回來了，國家在國際上有了話語權，人民也有了驕傲感。如這群畫家，儘管四季變幻，他們心中始終春意盎然。賞讀程佩華〈暖冬的顏色〉。（註五）

對面的你被黃色籠罩

那是暖冬的顏色
你給我看了柿子的黃
講著它蛻變的羞澀

我想起你的秋
樹葉堆積　神情恐慌
抽芽的疼痛軟軟的附在詩行
那顏色是素白的

今夜，你走出了秋
走進暖冬的顏色
讓我想起你筆下　飛翔的丹頂鶴
流淌的柿子黃
暖冬，一片金黃

暖冬的顏色，寫的是暖冬的心情心境，「你」被黃色籠罩，黃色是高貴的，象徵權威，講著「它」蛻變的羞澀；之後想起「你」的秋，有落葉的恐慌，秋要遠走，冬要來臨，時間一年年很快，讓人恐慌啊！詩中出現一些代名詞，基本上都是詩人的心靈對話。

今夜走出了秋，秋天象徵感傷、蕭索，秋天走了當然就遠離了感傷，迎來了暖冬。「讓我想起你筆下　飛翔的丹頂鶴／流淌的柿子黃／暖冬，一片金黃」。都是健康、希望的意象，一片金黃是有很大收穫的象徵。賞讀沈仙方〈金山嘴漁村〉（註六）

你是潮水撞擊堤岸時
飛到地面的一朵浪花
因為媽祖的護理
六千年來不曾凋謝

你是掛在
杭州灣的一個耳墜

因為媽祖的保養
六千年後仍閃閃發光

你是城市化風暴中的
一個避風港
因為媽祖的打扮
成了現代大都市的風景線

杭州灣附近的一個小漁村，媽祖是這裡的民間主要信仰，可能小漁村未受都市化太多衝擊，仍保留很多傳統樣貌。所以詩人歸功於媽祖在此坐鎮，這當然是詩語言的發揮，實際上媽祖也是中國民間重要宗教信仰。賞讀費碟的〈墨海巫山〉。（註七）

神女睡巫山，
龍鳳飛白帝。
五號游輪過鬼城，

哼哈又千里。

我想問舒婷，
一夜誰哭泣？
我把春潮潑海上，
雪浪划天際。

這首詩用了不少典故，神女、巫山、白帝（白帝城），還有舒婷。要把典故都說清楚又太多了，如神女和巫山，就有大禹治水碰到的瑤姬，以及戰國時楚懷王夢見的朝雲。另外元稹的詩〈離思〉也和典故有關，「曾經滄海難為水，除卻巫山不是雲。取次花叢懶回顧，半緣修道半緣君。」現在世人對「巫山雲雨」成語，常想像成「小三」的一夜情，但元稹本意是思念亡妻，「難為水」、「不是雲」，意指今後再也不會動情了。

詩人想問「舒婷」，不知是否和筆者同年的女詩人舒婷？或詩人心中另有同姓名者。若是筆者所知這位大名頂頂的女詩人舒婷，她本名龔佩瑜，福建泉州人，一九五二年生。她幾首名詩是〈致橡樹〉、〈祖國啦我親愛的祖國〉、〈這也是一切〉等。

費碟或許認識她，所以想問她「一夜誰哭泣？」應是另有關於舒婷的典故，就留下一些想像空間。賞讀蕭海珍的〈翰墨風光〉。（註八）

書展亞太至靈均，姊妹揮毫筆筆神；
翰墨風光暉兩岸，唱酬台北與春申。
靜物文房風雅存，古箏音樂入詩韵；
春風相伴友情在，美意延年無歲痕。

兩岸藝文交流，最能突破政治封鎖的軟實力。兩岸同屬一個中國的領土，沒有任何理由不讓兩岸的親朋好友、民間團體不往來。試看，在文學詩歌、繪畫藝術、宗教信仰等，兩岸都是一致的，在各方面都有「共同語言」，沒有任何力量可以把台灣從中國分離出去，統一只是時間問題。所以，兩岸文朋詩友要有信心，持續交流。賞讀單子堅〈德藝雙馨〉。（註九）

青山綠水百花開，善會名家展妙才。
德藝雙馨思前輩，畫圖義賣樂賑災。

閣外風光不勝春，豫園展品逐年新。
先賢創作存靈性，生活中來善美真。

到底是「真善美」還是「善美真」？不少研究者認為中國美學「以善為美」。詳加考察，善與美和真有不可分割的關係，任何藝術創作者，作為一種人品、文品，乃至情感、志向，善則必須以真為條件，或者前提，無真則無以為善。由此論之，以真為美、以真為善，在中國美學尤其詩學，更有「強大的力量」。

身為任何種類藝術創作者，「真」打了折扣，表示人品作品的「真誠、真實」，有相當程度是有「問題」。這在中國文壇藝界是有不少案例的，西方文學思想則不一定，因為西方「人品」和「作品」是可割離的，可「分別論價」，中國則不行，這是民族文化的不同。賞讀張呈富〈羊年物語〉。（註十）

羊年筆法不離美，美在其中映春暉。
三羊開泰騰紫氣，正值圓夢好機會。

羊續懸魚府衙前，箴言熠熠傳千年。
清正廉明垂懿範，官須為民用好權。

羊年筆法也指書法，任何藝術都講究美感，但「羊續懸魚」所指為何？不得而知，詩人對從政官員有許多期待，這也是民心民聲。賞讀汪殿林〈春興〉。（註十一）

欲將詩稿煉丹青，來聽大鵬振翅聲。
馬上焉能投夢筆，風中自可踏歌行。
連艫載酒酬天意，曲水流觴喚我名。
到海奔騰應有助，點睛還是畫龍人。

感覺這首詩意境頗高，氣勢也很壯闊。「**欲將詩稿煉丹青**」，有志氣，有可能！「**馬上焉能投夢筆**」，很多文人詩人也能上馬打仗，文武雙全，風中踏歌是人生的自信和自在。歷史上有「連艫渡淮」，有「連艫萬斛」，是否與「舳艫千里」同樣軍容壯盛？而「曲水流觴」現代文人也不流行了！

本文末了，聊一件吾國歷史上「人品」和「作品」分離的結果。後人對宋代各家書法整體風格評論，有「尚意」之說，評定蘇、黃、米、蔡四位大書法家為代表。

蘇是蘇東坡，黃是黃庭堅，米是米芾，這三位毫無疑問，備受歷代書評家肯定。而蔡，最初是蔡京，但他為人不真不誠，用現代術語叫「政客」，很快被歷史否定，改由人品極好的蔡襄為代表。

蔡京書法初習王羲之和王獻之，即所謂「二王書法」，彰顯宋代「尚意」美學，是當時「一流」書法家。可惜他人格卑劣，

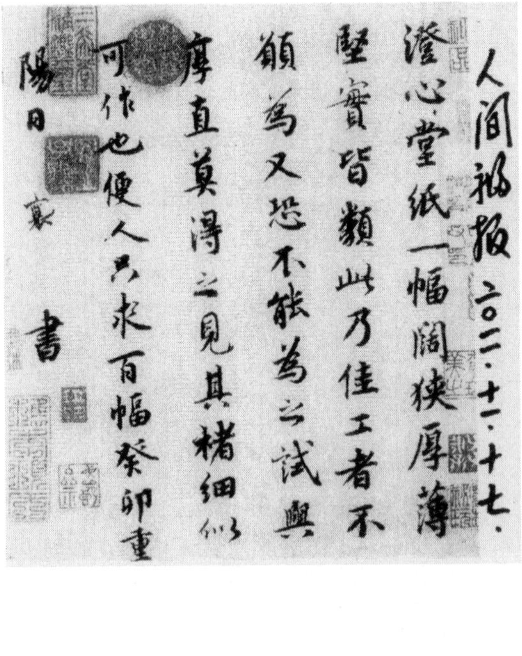

結黨營私，被歷史判定「不入流」，從四大書法家除名。

後人喜愛蔡襄的字，因其為人真誠，為官清廉，他高尚的人格情操被世人肯定。所以後世談到宋代四大書法名家，「蔡」指的是蔡襄，而不是蔡京。

台北故宮典藏這幅蔡襄〈澄心堂帖〉，以行楷寫成，結構端正，悠然自適。倪雲林曾說：「蔡公書法有六朝、唐人風，粹然如琢玉。」（註十二）真，做為真善美的前提、基礎，在中國是有歷史傳統的，所以我們才說「文如其人」，人品文品是合一的。

註釋

一 朱珊珊，〈山與山之間〉，《海上詩刊》（上海豫園管理處，二〇一五年四月二十五日），第二期（總第56期），第四版。

二 金月明，〈筆墨為善〉，同註一。

三 邵天駿，〈詩情畫意〉，同註一。

四 趙靚，〈春歸〉，同註一。

五 程佩華，〈暖冬的顏色〉，同註一。

六 沈仙方，〈金山嘴漁村〉，同註一。

七　費碟，〈墨海巫山〉，同註一。

八　蕭海珍，〈翰墨風光〉，同註一。

九　單子堅，〈德藝雙馨〉，同註一。

十　張呈富，〈羊年物語〉，同註一。

十一　汪殿林，〈春興〉，同註一。

十二　見《人間福報》，二〇一一年十一月十七日，藝文版。

第六章　總第57期　紀念老詩人魏守榮及其他

打開這期，初略一翻，報導老詩人魏守榮走了，刊出他最後的文章和詩友悼念作品。在〈編者後記〉說，魏守榮於今（二〇一五）年六月八日，因腦出血，經搶救無效，不幸逝世，享年七〇歲，在現代社會不算高壽。但人生的意義和價值，不能以歲數論定，詩人走了，總讓人感傷。

魏守榮是漢族，他老婆是回族，算半個少數民族，他是雲南省作家協會會員，十年前移居上海，是「閔行詩社」成員，後參加「海上詩社」活動。王耐在〈守榮安息詩魂在〉短文，讚美老魏作品如

同其人。詩作忠誠傳統，並不矯柔造作，多為雲南山寨風土人情描述，寫出少數民族的形像栩栩如生。他善於比喻排比，音樂節奏強烈，抒緩優美，其散文如畫。老魏對人與事也實在，樂於助人，是一位「忠厚的上海回族女婿作家」。

頭版是魏守榮所寫最後一篇文章，〈豫園，詩韵悠揚的園林〉。（註一）簡述了這座「中國歷史名園」的悠遠風光，我也進一步了解《海上詩刊》和「上海豫園管理處」的關係。管理處的領導，肯在文化建設方面投入，與「海上詩社」情緣相合，聯手打造《海上詩刊》，成為繁榮上海文化建設的一張名片。《海上詩刊》的出刊，以純正的詩風和認真的態度，再現豫園發展的特色，詩、書、畫並重的園林文化，體現中華文化的傳承和發揚。

老詩人走了，詩友都是不捨的，因為詩人可以說是地球上各物種中，各族人類中，最有「真性情」的一群人。賞讀金月明的〈詩人走了〉。（註二）

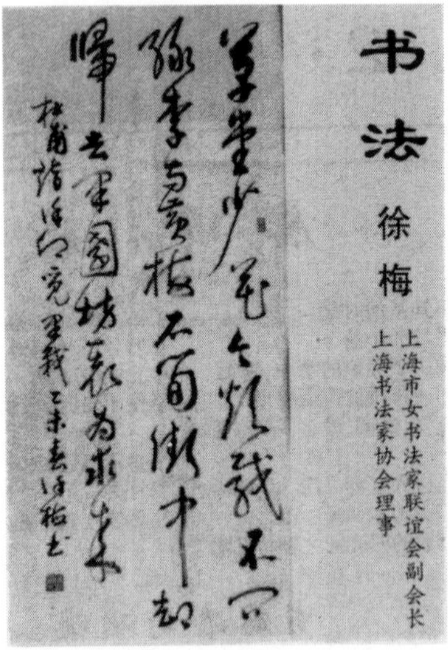

詩人匆匆地走了
匆匆地帶走
所有的詩篇
天國召開春季詩會
你，是特邀的一員
留下你的詩友們
因為流了太多的淚
詩，瘦了一圈
又一圈

「詩，瘦了一圈／又一圈」當然是詩語言，暗示人消瘦，為詩人逝世失去一位好友而感傷。詩人與詩人之間都以詩文相交，詩歌讚嘆相酬。杜甫說「李白斗酒詩百篇」，李白讚美杜甫詩才天成。在王耐的文章也提到，魏守榮對他的詩集《無爭的月亮》寫評論，沒來得及感謝，他竟匆匆地先走了！賞讀費碟的〈最後的文章〉。（註三）

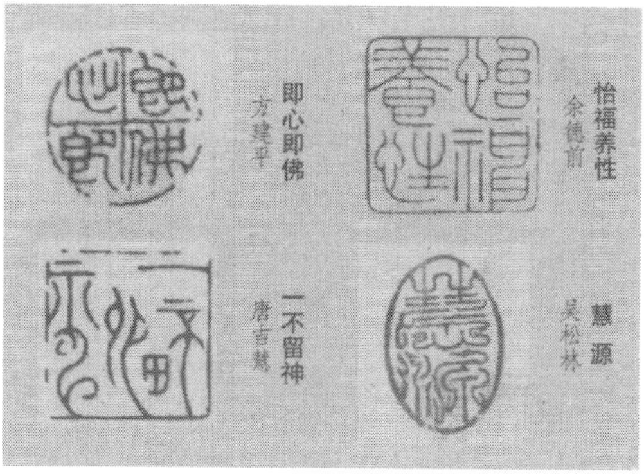

那些悠揚哀怨的音符氣息
把那些鮮花揉的粉碎，其實
你昨天還發送了文章，今日
怎麼一字一句地扶搖飄逸
划過蒼穹的電波扎入我的心肌
又搖搖晃晃地走向天際

你從七色雲南到東海之濱
詩的靈魂是你生命的標底
你從民間詩社到社區鄰里
純的付出是你生命的標尺……

你的文章充滿春到的生機
你成熟了，雲鶴一般的雙翼
撲打著辭海濺出的無窮詩藝

滿紙滿紙地沾上我模糊的淚滴
成了我們陰陽兩界的特殊心意
成了一份永恆而崇高的贊禮

我不認識也不了解魏老詩人，故也不懂這詩裡「悠揚哀怨的音符氣息」，到底何時在悠揚？那必是生命中碰到讓人鼓舞的事；又怎樣的哀怨？也必事出有因，那是人生的困局低潮吧！總之，古今中外，所有的人類，在其一生中，都不可能有百分百所謂的順心如意，全部都「圓滿」。菲律賓總統杜特蒂貴為千萬之人上，但他小時候曾被一個美國神父性侵，他公開說了此事，他也說他痛恨美國人。凡此，不管是誰？非洲草原上的動物也一樣，受了傷都得自己療傷，自我調適。從費平給魏老提的挽聯，暗示了魏老的生命歷程碰上不少坎坷，命運欠佳。

榮光無限　坎坷一生　冷眉視物　著文章嘉言懿行品自高
守德有道　滇滬兩地　熱心待人　荐詩稿厚情重義譽皆好

對聯應該是反應了主角的人品作品，乃至視物待人之風格情操。以他的年紀，必然是從「文革」走來，那個年代誰能「全身而退」？又誰不是傷痕累累？能熬過來，守住真性情，守德有道，詩友間有情有義，如是走完一生，也算「功德圓滿」。

人世間沒有「圓滿」之事，我為何又說老詩人「功德圓滿」？這個道理我是到了快六十歲才弄懂。我聽師父星雲大師解釋說，地藏菩薩講地獄不空誓不成佛，其實地獄是永遠不會空的，但地藏菩薩心中的地獄已經空了；如這個世界，世界是永遠不會和平，只要眾生在就永無寧日，但你我的心可以和平寧靜。

因此，人世間雖有很多苦難，魏老也「坎坷一生」，但他「冷眉視物」，對苦難淡然視之，心中乃可和平寧靜，守住他的道，在詩歌文章上下功夫。他的人生，可以「功德圓滿」做結論了。賞讀他的作品，一首可愛小詩，〈愛的草坪〉。（註四）

她用柔美的手指
無數次書寫著
一個人的名字
傾聽遠方的風中

飄來春天的歌聲
心田新鮮而潮潤
灑滿愛的甘露

她凝望著湛藍的天空
把他的名字
和他的冰清玉潔般的愛
一起托付給
飄逸的白雲
於是　相思之水
聚成泛舟的湖泊

他的名字是一行抒情詩
鐫刻在心靈的底片上
在時光閃爍的光輝中

生動無比
即刻　雙手合十
化著一只白鴿
從愛的草坪上飛起

愛的草坪，詩化草坪上的情意，但意象不是很鮮明和集中，也可以做很多解讀，就整首詩來看，充滿愛的氣氛和浪漫情調，極佳的抒情小品。

第一段「她用柔美的手指……灑滿愛的甘露」。這裡面藏著一個愛的秘密，她「無數次書寫著／一個人的名字」，給人很多想像空間，她和哪個人一定有愛的故事。才會有接下來「於是　相思之水／聚成泛舟的湖泊」，動人的故事就發生在草坪上。

「他的名字是一行抒情詩／鐫刻在心靈的底片上／在時光閃爍的光輝中」。這個他，也許是詩人自己，不知道什麼原因？男人的戀愛故事永遠不會忘，女人則易忘，男人愛過的女人必永遠鐫刻在心靈的底片上，在時光閃爍的記憶裡，常會想起她！

人生有愛，「生動無比……從愛的草坪上飛起」。這愛的故事看似遙遠，顯示詩人內心是和平寧靜的，雙手合十也是一種感恩的動作。無論過程和結論是什麼?詩人都是心存感恩，這是一種高貴的情操。

這期《海上詩刊》除了紀念老詩人魏守榮，各家詩作也常讀到，各有風格，可謂一個詩人是一個世界。此外，再選讀幾首，金月明的〈在茶馬古道上行吟〉，也是我小時候常聽到的故事。（註五）

馱著山裡人的承諾
馬幫走進了遠山的晨霧
山一程，水一路
馬蹄踏著格律
時急時緩的馬鈴與平仄應和
千里坎坷
步步延伸著行吟者的心路
馱著一年的希望
古道上總有走不完的奔波

普洱府秋集图和马鞍

雨一程，風一路
馬背搖晃著字句
時俯時仰的馬首與音韵融和
歲月雖辛

處處深刻著行吟者的思索

馱著山裡山外的期待
一隊隊馬幫與星月同伍
茶一捆，鹽一馱
馬燈點亮了一串構思
時舉時卷的馬鞭把絕句捕捉
山水同懷，寒暑同路
茶馬古道留下了行吟者
解不開的孤獨

制作普洱茶的部分工具

普洱岁月 古道春秋
普洱茶马文化风情展
Pu'er tea and horse cultural customs exhibition

先父於一九四九年被共產黨解放軍打得到處逃，先到越南復國島，再來台灣，他

們把大陸搞丟了，卻常叫我這代人要反攻大陸收復失土，有些不負責不公平。至今也未收復失土，反而台灣就快被收回統一了，這樣也好，因為「國軍」使命也是統一，國民黨也講統一，解放軍若能盡早完成統一，也合兩岸所有人的民心，這些是題外話。

話說先父，我老爸，四川成都人。我小時候家中常有四川、貴州、雲南、江西等省的叔叔伯伯進出，貴州雲南的叔伯常講馬幫的故事，江西叔伯講趕屍故事，老爸則說洪門、哥老會故事，小朋友們聽得入神。故事雖有不少虛構或傳聞，那才引人入勝，關於「馬幫」形像內容，歸納起來和金月明的詩差不多，我能領會。

詩中提到的「馬燈」，我可能是最後一代使用過的人，到筆者下一代孩子，他們就完全未聞未知了。時代一直向前行，不管有些人是否趕得上。賞讀顏志忠的〈好名聲怎麼來〉。（註六）

用真心用愛心，
從山寨到鄉村。
好名聲靠你下基層，
和百姓走得近。

一身汗水兩腿泥，
追夢路上共付艱辛。
黨的事業高萬丈，
這裡踏到了根。

為便民為利民，
從舌尖到車輪。
好名聲靠你辦實事，
對百姓笑得親。
一聲問候暖心窩，
公開辦事充滿溫馨。
黨的宗旨為人民，
這裡抓住了本。

好名聲怎麼來，
靠你一步步腳印踏到根。

好名聲怎麼來，
靠你一件件實事抓住本。

這首看似語言平白，平凡的道理中盡是「真理」。一者，這詩指出了放諸四海而皆準的「根」和「本」的東西，地球上各行各業，只要「踏到了根」和「抓住了本」，用愛心用真心，得好名聲是必然的，成功立業也可以說是必然。種瓜得瓜，這是因果的關係。

其次，這詩專指所有從政人員，不論哪個國家的政治人物，吃公家飯的，都可以說是為民服務是首要功課。修好這門功課，不外「**和百姓走得近、對百姓笑得親、踏到了根、抓住了本**」。這些說難不難，只要用真心用愛心，都能做得到，好名聲自然來。

最後是最重要的，「**黨的事業高萬丈**」。這是一個中國國民也是詩人的身份，對中國共產黨的期許和鼓舞，筆者當然也認同，才使這首詩再一回「現身」，讓更多中國人看到。筆者要解釋認同「**黨的事業萬丈高**」理由：(一)救台灣、完成中國統一，未來就是靠中國共產黨領導中國人民來完成；(二)在廿一世紀中葉前，中國達到小康局面，完成中國夢，也靠共黨領導人民達成；(三)西方民主政治和資本主義本質上都是邪惡的，不適用於中國社會；我們須要一套「中國式民主政治」和「中國式社會主義的經濟制度」。（註七）完善這些制度，還是靠共產黨領導人民完成；(四)救救這個世界，西方民主政治和資本主義的邪惡本質，將使地球走向毀滅，中國夢包含人類命運共同體，全球中國化後世界得救。居於以上四大理由，筆者也對共產黨有高度認同和期許。

註釋

一 魏守榮，〈豫園，詩韻悠揚的園林〉，《海上詩刊》（上海豫園管理處，二〇一五年六月二十五日），第三期（總第57期），第一版。

二 金月明，〈詩人走了〉，同註一，第三版。

三 費碟，〈最後的文章〉，同註一，第三版。

四 魏守榮，〈愛的草坪〉，同註一，第三版。

五 金月明，〈在茶馬古道上行吟〉，同註一，第四版。

六 顏志忠，〈好名聲怎麼來〉，同註一，第二版。

七 陳福成，《找尋理想國：中國式民主政治研究要綱》（台北：文史哲出版社，二〇一一年二月）。

第七章 總第58期 紀念中國人民抗日戰爭暨世界反法西斯戰爭勝利70周年

打開這期一翻，立即看到這個最醒目醒心的主題，是我一輩子寫最常批判的題目，消滅倭寇，喚醒中國人消滅「大不和」民族，終極解決「日本問題」。這是中華民族的天命，應該在廿一世紀中葉前完成天命。

為宣揚這個天命，讓生生世世中國理解完成天命的必要，總要把事情前因後果、歷史背景，說明白講清楚。我除了在因緣際會的文章闡述這項「中國人的天命」，更著書立說，寫成文本正式出版，《日本問題的終極處理：廿一世紀中國人的天命與扶桑省建設要綱》一書。（註一）這本書也寄給台灣和大陸兩岸大學圖書館典藏，至少給四百個大學圖書館，希望這些「播種」能發生一些作用，喚醒一些中國人，也提醒中華子民後世子孫，日本人五百年來始終在進行的民族大業，就是「消滅中國」。

五百年前（明萬歷時），倭國織田信長、豐臣秀吉等邪惡野心家，訂下他們的民族大業：消滅中國，佔領全亞洲，建立「大日本帝國」。

倭人為完成他們的民族大業，五百年來發動三次大型「亡華之戰」，第一次明萬歷時「中日朝鮮七年之戰」，第二次滿清「甲午之戰」，第三次民國「八年抗戰」（實為十四年之戰），其他小型侵略亞洲諸國不計其數。由於倭人好戰造成人命死傷，總數超過一億多人，中國人應把握戰機，以迅雷之速用核武消滅倭國，收服該列島成「中國扶桑省」。滅其國無關人權、慈悲，而是一種因果的必然，反正日本國遲早必亡，大和民族乃地球上「大不和」鬼族亦必滅之，亞洲才能永久和平。

對於中國人的抗日戰爭，台灣因有一群媚日漢奸，企圖把台灣搞成日本的殖民地。例如，一群自稱台灣「民政府」的倭鬼，竟到倭國鬼皇面前稱「台灣領土屬倭人鬼皇所有」，都是精神失常的倭魔附身。凡此種種，已讓台灣對抗日戰爭失去「話語權」，國民黨也已失去戰力，甚至被台獨「綁架」了。

中華民族的復興，中國的富強繁榮統一，中國夢的實現，消滅「大不和」鬼族，確保炎黃子孫代代不受「小日本鬼子」侵略。這一切，都全靠中國共產黨領導所有中國人來完成，這期《海上詩刊》紀念抗日和反法西斯戰爭勝利七十周年，本章抓住這個主題，再闡述、再傳頌、再宣揚，要敲醒每個中國人的腦袋，再禮讚詩人的情操。賞讀朱珊珊的作品，再唱〈八百壯士歌〉。（註二）

面對日寇屢戰屢敗，惱羞成怒的血腥
面對鬼子飛機坦克、宰割家園的瘋狂……
〈八百壯士歌〉聚集〈大刀進行曲〉的鏗鏘
變成了一柄柄威震敵膽的青劍鋒芒
〈八百壯士歌〉匯合〈黃河大合唱〉的激情
化作了一縷縷淘盡千古的雷鳴浩蕩
聽！謝晉元團長的領唱何等慷慨昂揚——
「這倉庫是我們中華民族的領土
哪怕只剩下一人、一彈、一槍
也要堅持到底，與陣地共存亡」
八百壯士壯懷激烈，寸寸高度血氣方剛

也唱出上海軍民捨身報國的豪情萬丈
歌聲中有八百壯士孤軍奮鬥的戰場
歌聲中有八百壯士殺聲響亮揚四方
歌聲裡有八百壯士不倒的精神屹立
歌聲裡有八百壯士不死的靈魂風光……
啊，「中國不會亡！」「中國不會亡！」

啊，「中國不會亡！」「中國不會亡！」
四行是一座倉庫但有著真理的巍峩
四行是一座倉庫但閃爍革命的尊嚴和希望
她身在蘇州河畔，卻以浸透著鮮血的紅土
矗立在世界反法西斯戰線的制高點上
那「寧願死不退讓，寧願死不投降」的戰歌
讓侵略者狂妄的膏藥旗，東條英機脖頸發涼……
殷實的高樓爭相訴說，祥和的鴿群落在廣場

今天，我們把氣勢雄壯的〈八百壯士歌〉再唱
就是要把那些深刻與崇高的東西銘記在冊
就是追尋風采、遺志，追尋銅號的光芒、音量
就是向往和平，時代再也容不得蹂躪
讓投入長江黃河的一段段旋律掀起巨浪……
看，「神五」、「神六」刺破長空划過聲響
山峰一般在蒼穹展示炎黃子孫挺直的脊梁……
那是我們再唱〈八百壯士歌〉的不衰強音喲
那是我們民族綠色國威長出的金色翅膀

朱珊珊的壯懷史詩，經由重唱〈八百壯士歌〉、〈大刀進行曲〉、〈黃河大合唱〉等，警惕所有中國人，不能忘記小倭奴國小鬼曾經在神州大地蹂躪，任意屠殺中國人民。尤其正當中國經濟富裕了，人民有了大錢，很容易迷失自己，這只要看每年幾百萬中國人到倭國旅遊，可以看出一些迷失自己的「徵候」。這首詩有重新喚醒的作用，讓那些親倭、迷倭、媚倭者，醒過來，重新認識自己的背景，認識祖先為抗倭付出生命

和鮮血，保住了中華民族命脈，讓現在的你過著自在的生活。

為拉高來年「紀念中國人民抗日戰爭」高度，擴大影響力的規範，對全國港澳台灣和國際展現「話語權」，對倭國產生最大壓力，乃至是一種刻意示威，進可攻，退可為談判籌碼。筆者提示大陸方面應針對以下諸事，以「冷水煮青蛙」方式，逐一進行。

第一、在大陸適當的地方，最佳地點在倭國使館或駐中國各省辦公處正前方，立「台灣慰安婦」雕像。此事由民間發起並執行完成，官方背後支持即好。此等之事，南韓已做，台灣因媚倭漢奸當道不做，大陸應該做，可以體現悲憫的同胞愛，再者強調這是中國人的事，而不是單純台灣人的事。

第二、倭人在大陸有很多事業體，當然必有很多倭人。完全禁止所謂「日本文化」的流行，影像、語言、文字、音樂、玩樂，凡有「倭人意象」者全部廢除；反之，所有在大陸的倭人，都必須接受「漢化教育」，或學習中華文化，中國人要有自信，玩自己的東西，不要媚日、哈日、哈韓等。

第三、成立「二戰追討賠款委員會」（名稱暫訂），向倭國追討所有在中國造成的傷害損失賠款。當年蔣介石因自己和多數將領留日的關係，搞個全部中國人都反對的「以德報怨」政策，這是無效的。大陸應發起追討行動，並訂出賠款時限（例如十年），過期不賠，沒入倭人在大陸全部財產。

第四、倭人背後有個大靠山老美，持續拖垮美國，中國有五千年鬥爭經驗，三十六計用任何幾計，足以讓美國「加速衰落」。川普現在知道「中俄聯手蠶食美國經濟和安全」，中俄持續幹下去，美國垮了，對亞洲失去掌控，倭國也完了，中國統一水道渠成。

對小倭鬼，隨著中國總體國力的增強，尤其國防軍事和經濟力的快速增加，應逐步增強制裁力道，可以做的還很多，筆者不過興致來了想到這些，回應朱珊珊的詩。

賞讀顏志忠的兩首詩。（註三）

唱〈新四軍軍歌〉

孤軍東進火延燎，一路高歌血戰鏖。
勢掃羅霄千里雪，氣吞揚子萬層濤。
堅持敵後興民眾，轉戰華中滅寇妖。
構建和諧譜新曲，重溫旋律在今朝。

參觀淞滬抗戰紀念館

抗日風雲重再現，侵華鐵證豈能平？
軍歌急奏民族難，石壁勾凸淞滬靈。
戰士市民力殺寇，後方前線志成城。
大江卷浪拍堤響，猶作當年槍炮聲。

這首詩涉及目前兩岸重大爭議，筆者從年輕可以說讀中國國民黨《黨史》成長的，台灣方面編寫的歷史，告訴我抗日是蔣介石領導的國民黨和國軍打的，大陸最早的教材說解放軍打的，毛澤東領導的，後來改口說國共共同抗日。根據目前已開放的資料，顯示某部份兩黨都不對，我知道這些現在無解，我的立場是這些問題由未來史家去處理，國共現在應合作處理共同「家務」（釣魚台、南海），對付共同敵人（台獨、倭鬼、老美），統一才是國共當前要務。

按吾國歷史傳統，後代史家負責修編前朝史，例如，宋朝結束後，元朝史家修編

《宋史》，元朝結束後，明朝史家修編《元史》，其餘都是，這樣寫出的歷史才會公正客觀。抗日戰史是民國史的一部份，應該等到未來兩岸統一，中華民國走入歷史，那時才是修史的正確時機。故，本章對「新四軍」沒有任何評論，只希望兩岸中國人團結共構「中國夢」。賞讀王瑞梁的〈抗日雄風〉。（註四）

抗日烽火遍中華，華夏兒女赴征程。
淞滬會戰顯神威，四行倉庫展英魂。
平型關上倭寇泣，台兒庄裡鬼子驚。
百團大戰發怒吼，冀北平原創奇勛。
中英聯軍會緬甸，滅殺野獸在峻嶺。
炎黃子孫爭氣漢，豈容劣種再呈凶。

本文對於抗日到底是誰打？國共之功誰多？不再贅筆於「爭功」之舉，總而言之是中國人民（含台灣同胞）打的，當然台胞也都抗日。未來史家自然有公平客觀論述，在中國歷史始終有一支「董孤之筆」，秉於春秋大義，依事實真相，記錄所有發生過的史事。

中國人民在對日抗戰寫下無數不朽史詩，無數壯烈史話傳頌著，炎黃子孫要代代傳揚。「淞滬會戰顯神威，四行倉庫展英魂。平型關上倭寇泣，台兒庄裡鬼子驚。

百團大戰發怒吼……」。只可惜「滅殺野獸」功未竟，蔣介石竟放走了野獸，如今「倭獸」經半個多世紀，休養生息夠了，已在準備發動「第四次亡華之戰」，倭獸是不會放棄「消滅中國」的民族使命。所以，筆者多年來才大聲疾呼、著書立說，中國人要先下手，以核武消滅倭國，收服該列島改設「中國扶桑省」（暫訂），這不過是完成我國元朝未完之大業。賞讀費平〈回眸歷史．警鐘長鳴〉。（註五）

回眸歷史警鐘長，日寇逞威不可忘。
桑梓曾經遭災難，擄搶姦淫舉國殤。
血洗南京施獸性，撒蟲播疫絕天良。
中華城池遭焚毀，萬千民眾挨刀槍。
英雄奮起拼生死，壯士衝鋒斬虎狼。
抗戰八年終雪恥，黎庶擰繩斗志旺。

小泉篡改侵華史，安倍拜鬼蝎夢香。
人間悲劇豈重演，怎容戰犯再猖狂。
同胞血淚須牢記，警笛長鳴國兵強。

血洗南京施獸行，中華城池遭焚毀，萬千中國人民挨刀槍。小泉篡改侵華史，安倍拜鬼鬼子夢，怎容戰犯再猖狂，用以下圖片證據回應費平的詩。

血洗南京獸行，怎容戰犯再猖狂

日軍強暴中國婦女

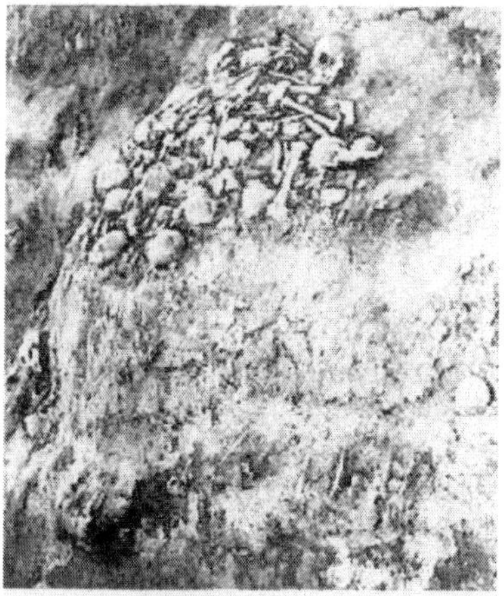

萬人坑

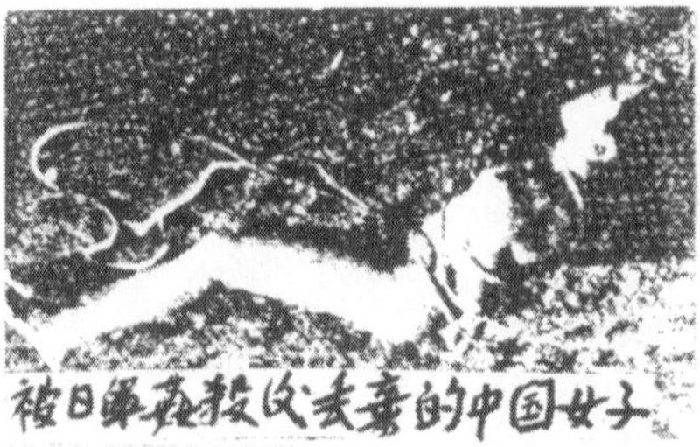

被日軍姦殺後丟棄的中國女子

屍體堆積如山，短短幾天之內，河水就被鮮血染紅。

將中國人當作刺槍活靶，是日軍在南京大屠殺期間最普遍的「殺人遊戲」。

戰火下家破人亡，顛沛流離。一名逃難的中國婦女，不禁悲從中來，放聲大哭。

被日軍輪奸後殺害的婦女。

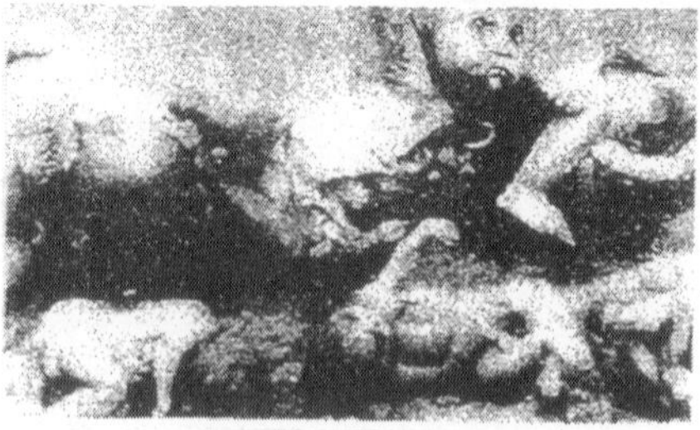

四島挖的。大軍掉
四青軍腹兒肝日吃
一九在日剖嬰的被兵。
◆年被眼中他部士了

中國人貧窮衰弱了將近兩百年，飽受列強帝國主義欺凌，無數子民財產土地生命任人宰割。因此，中國人努力追求「國強民富」目標，現在全球各國爭先恐後，要到中國朝拜。賞讀王森〈國要強盛民要富〉。（註六）

八年抗戰一部書，先烈飽蘸熱血著。
字字透出殺敵聲，行行酷現軍旗舞。
威震天地泣鬼神，浩然英氣傳千古。
紅色書名囑後人，國要強盛民要富。

國要強盛，除了消滅倭國，中國要發揚老祖宗「濟弱扶傾」精神；民要富，但不能貧富懸殊，為此不能走西方資本主義，要走中國式社會主義。賞讀蔣鈴，〈烽火八年〉。（註七）

八年烽火起硝煙，血雨腥風受熬煎。

鐵馬金戈看落日，白山黑水望潮旋。
全民合力除倭寇，四國同盟共執權。
豺狗投降心不死，中華築夢舉鋼鞭。

中國人民抗日戰爭不止八年，大陸方面已正式定為「十四年抗日戰爭」。自清末甲午之戰後，倭人覺得已奪取台灣，須再進軍整各中國大陸，只有消滅中國，倭國才能統一亞洲建立大帝國。尤以中國北伐統一後，倭人深感急迫，就怕中國統一強大，「九一八事變」後更積極準備「亡華之戰」。賞讀楊株光〈勿忘國恥記心田〉。（註八）

盧溝橋畔起狼煙，日寇侵犯我河山。
燒殺淫搶魔刀舞，中華生靈遭塗炭。
聖地延安揮巨手，浴血抗戰挽狂瀾。
烽火歲月今追憶，勿忘國恥記心田。

「聖地延安揮巨手」是目前難以「說明白、講清楚」的內容，我不想為任何一方解釋，就像前面的立場，讓未來史家去考證。這裡只是詩人寫他的感想，而我期許大家向前看，為中國統一，大家放下爭論功過。賞讀羅維平〈七七隨感〉（滿江紅）。（註九）

燕京八景，永定河，蘆溝曉月。
憶尋常，良辰美景，風拂柳葉。
懷古千載遺文脈，夢遊百世挽今昔。
看神州，北國臥雄獅，守夏夜。

七月七，倭寇亂；宛平城，烽火烈。
執大刀紅樓、鋒刃濺血。
得寸進尺狼子心，失道寡助聲名裂。
望長城，鐫刻民族魂，千秋業。

古今聖戰未有之壯烈，用大刀對槍砲，可見中國民族是不可欺的，見證五千年歷史文化的中國永恆不亡，中華民族勇於一戰，勇於犧牲。本章後附〈大刀進行曲〉等抗戰愛國歌幾首。賞讀王成榮〈台兒庄的牆壁〉。（註十）

台兒庄的牆壁
邪惡打不穿
塊塊牆磚正義鑄

台兒庄的牆壁
狂妄炸不倒
座座牆體勇敢砌

台兒庄的牆壁啊
中國人
不屈的背脊

中國人有脊樑嗎？為什麼滿清末年的中國人任人宰割，要地割地，要錢賠款？那時的中國人不是中國人嗎？想必閱讀《海上詩刊》的讀者群都是中國人，是否思考過這個問題？到了抗戰時的中國人又有了不屈的背脊了。為什麼？到了廿一世紀了，中國人的脊更硬直了，要準備打一些仗，台海統一、滅倭之戰，其他周邊國家可能也有想「造反」的。身為準備要當國際上的大哥，也要有準備開打大型戰爭的計畫。賞讀衛國斌〈四行倉庫贊〉。（註十一）

盧溝砲火剛驚世，淞滬抗戰槍聲起；
中華勇士守四行，面對強敵志不屈。
孤軍奮戰有同胞，槍林彈雨揚戰旗；
七十八年血跡在，錚錚鐵骨鑄彈壁。

中日戰後，對很多中華健兒壯烈犧牲的「聖地」，倭人獸行「證據」的保存，應該留下給後世子孫警惕。按我的觀察，國民黨人（政府）做的不積極，中共反而較積極，不知背後有什麼原因！無論如何！希望炎黃子孫〈永享和平保四疆〉。（註十二）

倭兵躝處無噍類，鐵鳥炸轟盡礫塵。
史跡全民端須記，中華勿忘血淚陳。
奮臂抗倭聲浩壯，民族團結制敵強。
興邦富國持發展，永享和平保四疆。

這章因正有抗日主題，對於「日本問題」，我認為與中華民族之復興，未來中國完成兩岸統一及追求中國夢，都有直接關係，這是重要議題。因此，本章針對第三版的專欄寫點個人心得，也增強一些宣揚效果。

中華民族要永享和平保四疆，必須先除掉「大不和」民族，滅其國，亡其族，而後才有可能，生生世世的中國人要切記！完成「天命」！

註　釋

一　陳福成，《日本問題的終極處理：廿一世紀中國人的天命與扶桑省建設要綱》（台北：文史哲出版社，二〇一三年七月）。

二　朱珊珊，再唱〈八百壯士歌〉，《海上詩刊》（上海豫園管理處，二〇一五年八月二十五日），第四期（總第58期），第三版。

三　顏志忠，〈唱新四軍軍歌〉、〈參觀淞滬抗戰紀念館〉，同註二，第三版。

四　王瑞梁，〈抗日雄風〉，同註二，第三版。

五　費平，〈回眸歷史．警鐘長鳴〉，同註二，第三版。

六　王森，〈國要強盛民要富〉，同註二，第三版。

七　蔣鈴，〈烽火八年〉，同註六。

八　楊株光，〈勿忘國耻記心田〉，同註六。

九　羅維平，〈七七隨感〉〈滿江紅〉，同註六。

十　王成榮，〈台兒庄的牆壁〉，同註六。

十一　衛國斌，〈四行倉庫贊〉，同註六。

十二　蕭海珍，〈永享和平保四疆〉，同註六。

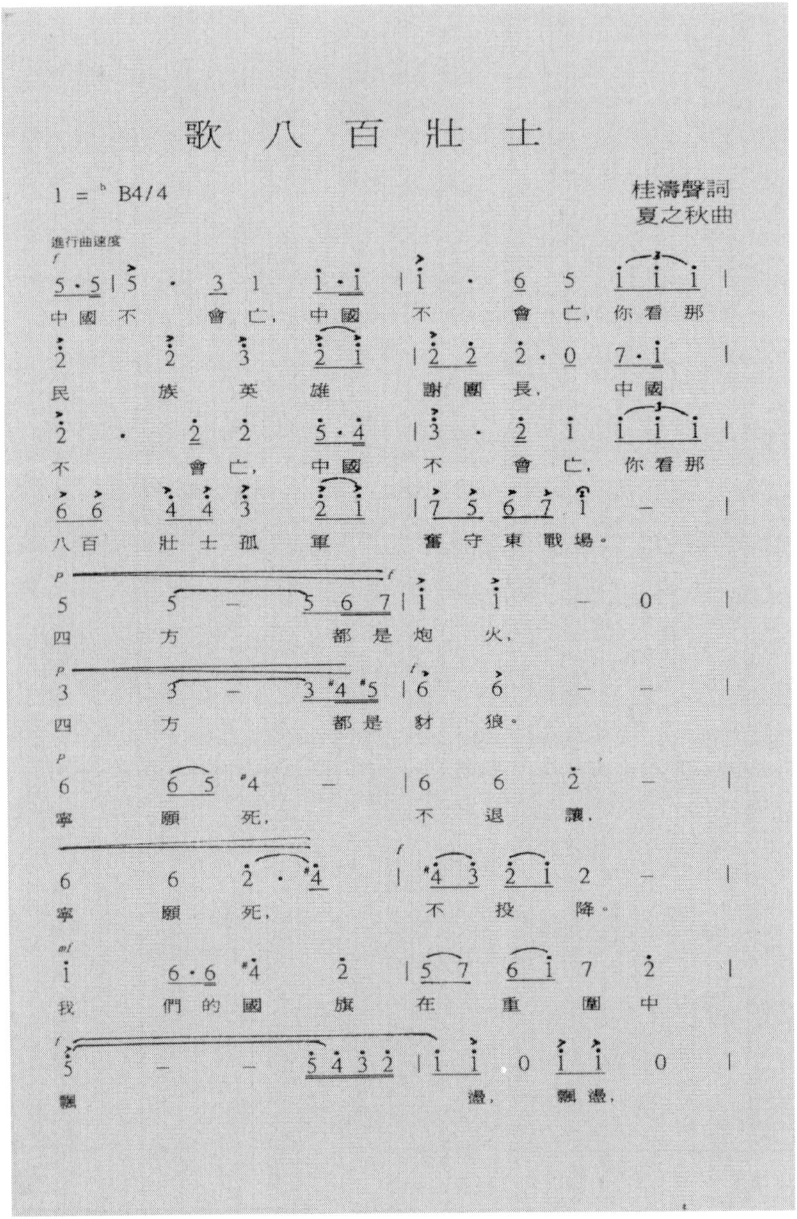
歌八百壯士
1 = ♭B4/4
桂濤聲詞
夏之秋曲
進行曲速度
中國不會亡，中國不會亡，你看那
民族英雄謝團長，中國
不會亡，中國不會亡，你看那
八百壯士孤軍奮守東戰場。
四方都是炮火，
四方都是豺狼。
寧願死，不退讓，
寧願死，不投降。
我們的國旗在重圍中
飄盪，飄盪，

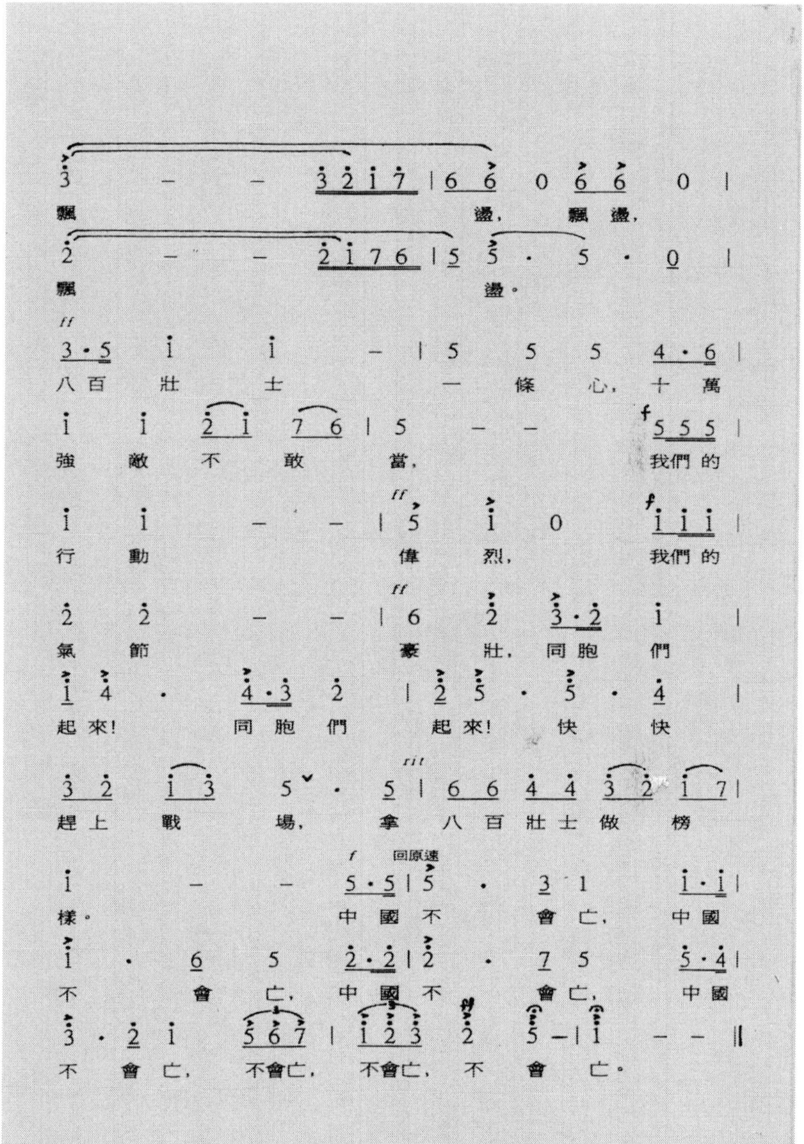

3 — — $\overline{3\ \overline{2}\ \overline{1}\ \overline{7}}$ | $6\ \overline{6}$ 0 $\overline{\overline{6}\ \overline{6}}$ 0 |

飄　　　　　　盡,　飄　盡,

$\overline{2}$ — — $\overline{\overline{2}\ \overline{1}\ 7\ 6}$ | $\overline{5}\ \overline{5}$ · $\overline{5}$ 0 |

飄　　　　　　盡。

ff

$\overline{3 \cdot 5}$　$\overline{1}$　$\overline{1}$　— | 5　5　5　$\overline{4 \cdot 6}$ |

八百　壯　士　　一　條　心,　十萬

$\overline{1}$　$\overline{1}$　$\overline{\overline{2}\ \overline{1}\ \overline{7}\ 6}$ | 5　—　—　$f\ \overline{5\ 5\ 5}$ |

強敵　不　敢　當,　　　　我們的

$\overline{1}$　$\overline{1}$　—　— | 5　$\overline{1}$　0　$f\ \overline{\overline{1}\ \overline{1}\ \overline{1}}$ |

行動　　　偉　烈,　　我們的

$\overline{2}$　$\overline{2}$　—　— | 6　$\overline{2}$　$\overline{3 \cdot 2}$　$\overline{1}$ |

氣節　　　豪　壯,　同胞　們

$\overline{1}$　4　·　$\overline{4 \cdot 3}$　2 | $\overline{2}\ \overline{5}$ · $\overline{5}$ · $\overline{4}$ |

起來!　同胞們　起來!　快　快

$\overline{3}\ \overline{2}$　$\overline{1}\ \overline{3}$　5　·　$\overline{5}$ | $\overline{6}\ \overline{6}$　$\overline{4}\ \overline{4}$　$\overline{3}\ \overline{2}$　$\overline{1}\ \overline{7}$ |

趕上　戰　場,　拿　八　百　壯士　做　榜

$\overline{1}$　—　$\overline{5 \cdot 5}$ | $\overline{5}$ · 3　1　$\overline{1 \cdot 1}$ |

樣。　　　中國　不　會　亡,　中國

$\overline{1}$　·　6　5　$\overline{2 \cdot 2}$ | $\overline{2}$ · 7　5　$\overline{5 \cdot 4}$ |

不　　會　亡,　中國　不　　會　亡,　中國

3 · $\overline{2}$　$\overline{1}$　$\overline{5\ 6\ 7}$ | $\overline{1\ 2\ 3}$　2　5 — | — — — ‖

不　會　亡,　不會亡,　不會亡,　不　會　亡。

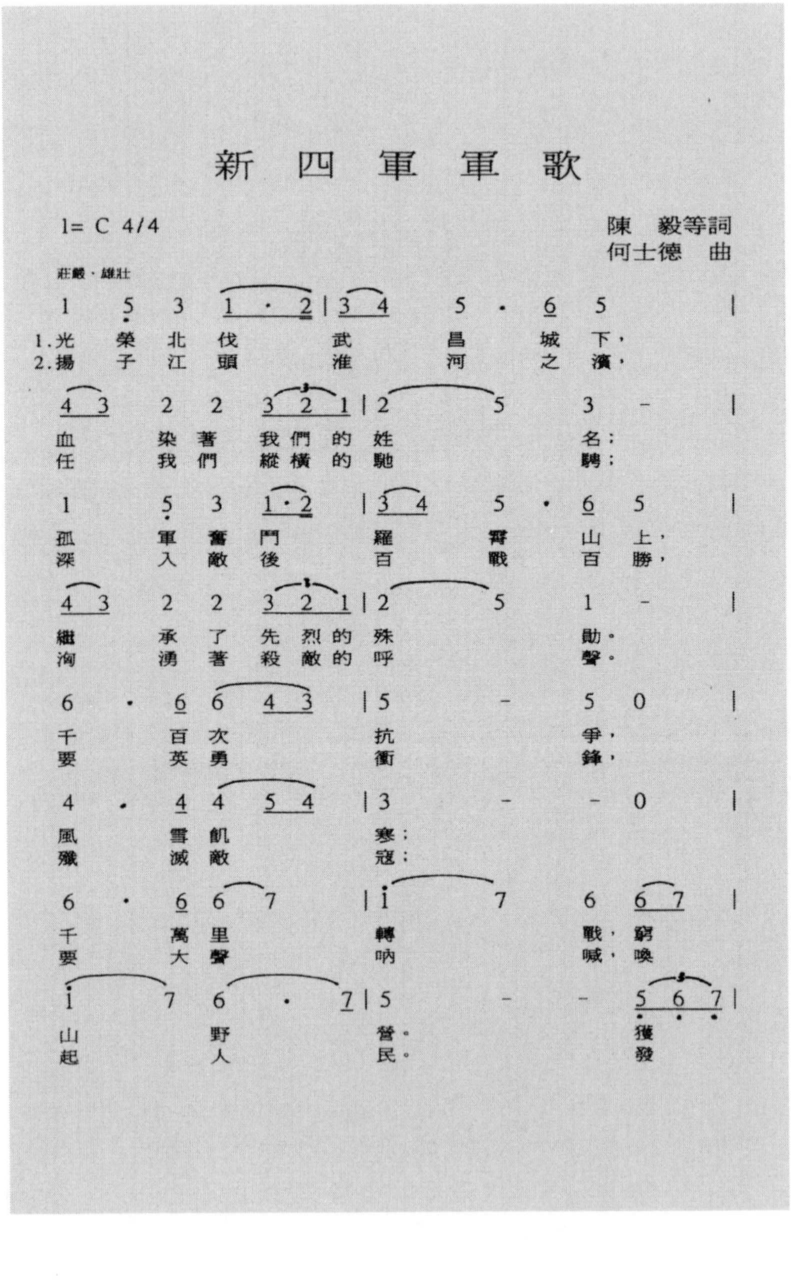

新 四 軍 軍 歌

1= C 4/4

陳　毅等詞
何士德　曲

莊嚴‧雄壯

```
1   5    3   1 · 2 | 3  4    5 · 6   5        |
1.光  榮  北 伐      武      昌      城   下,
2.揚  子  江 頭      淮      河      之   濱,

4 3   2   2   3 2 1 | 2    5    3   -        |
 血    染 著 我們的 姓        名;
 任    我 們 縱橫的 馳        騁;

1   5    3   1 · 2 | 3  4    5 · 6   5        |
孤    軍  奮 鬥      羅      霄      山   上,
深    入  敵 後      百      戰      百   勝,

4 3   2   2   3 2 1 | 2    5    1   -        |
 繼    承 了 先烈的 殊        勳。
 洶    湧 著 殺敵的 呼        聲。

6 · 6   6   4 3 | 5    -    5   0        |
千    百 次      抗        爭,
要    英 勇      衝        鋒,

4 · 4   4   5 4 | 3    -    -   0        |
風    雪 飢      寒;
殲    滅 敵      寇;

6 · 6   6   7 | 1    7    6   6 7        |
千    萬 里      轉        戰,窮
要    大 聲      吶        喊,喚

1   7    6 · 7 | 5    -    -   5 6 7 |
山    野      營。      獲
起    人      民。      發
```

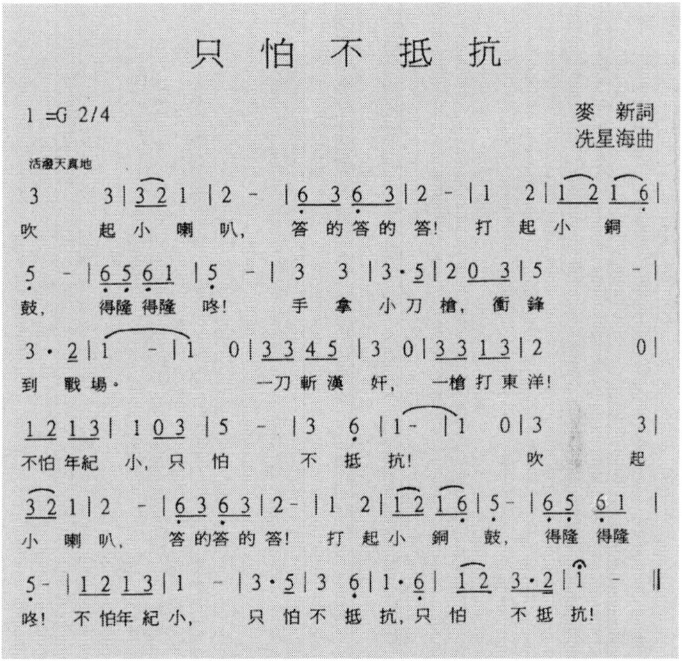
只怕不抵抗
1 =G 2/4
麥 新詞
冼星海曲
活潑天真地
吹起小喇叭，答的答的答！打起小銅
鼓，得隆得隆咚！手拿小刀槍，衝鋒
到戰場。一刀斬漢奸，一槍打東洋！
不怕年紀小，只怕不抵抗！吹起
小喇叭，答的答的答！打起小銅鼓，得隆得隆
咚！不怕年紀小，只怕不抵抗，只怕不抵抗！

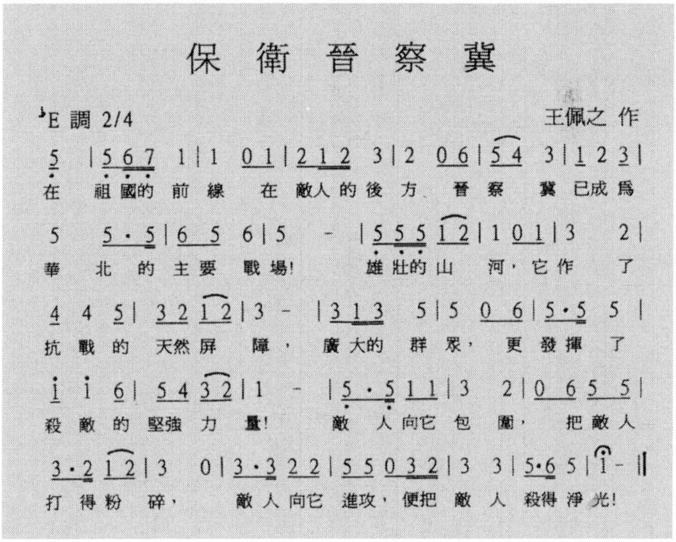
保衛晉察冀
♭E調 2/4
王佩之 作
在祖國的前線在敵人的後方晉察冀已成爲
華北的主要戰場！雄壯的山河，它作了
抗戰的天然屏障，廣大的群眾，更發揮了
殺敵的堅強力量！敵人向它包圍，把敵人
打得粉碎，敵人向它進攻，便把敵人殺得淨光！

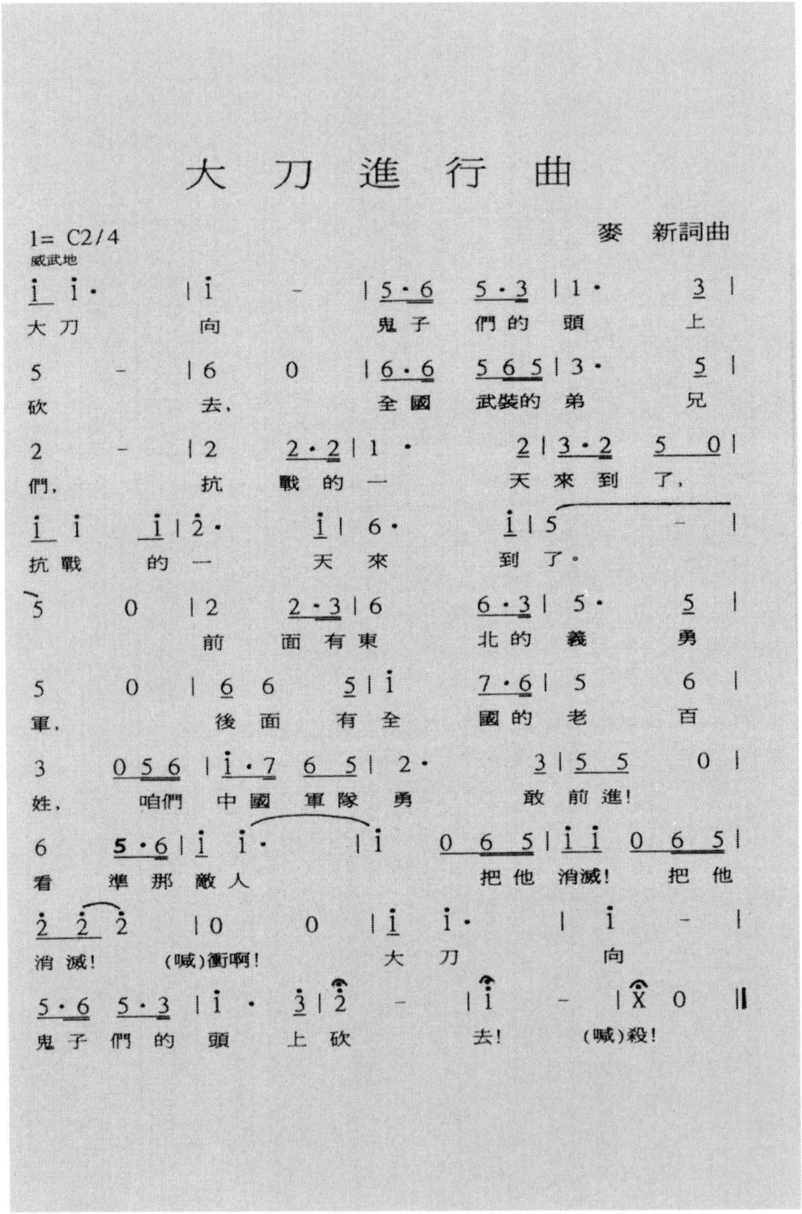

大 刀 進 行 曲

1= C2/4　　　　　　　　　　　　　麥　新詞曲
威武地

i　i·　　｜i　　　－　　｜5·6　5·3　｜1·　　　3　｜
大　刀　　　　向　　　　鬼　子　們的　頭　　　　上

5　　－　｜6　　0　　｜6·6　5 6 5｜3·　　　5　｜
砍　　去，　　　　全　國　武裝的　弟　　　　兄

2　　－　｜2　　2·2　｜1·　　　2｜3·2　　5　0｜
們，　　　抗　戰的　一　　　天　來　到　了，

i　i　　i｜2·　　　i｜6·｜i　｜5　　　－　｜
抗　戰　的　一　　　天　來　到　了·

5　　0　｜2　　2·3　｜6　　6·3｜5·　　　5　｜
前　面　有東　　北的　義　　　勇

5　　0　｜6　6　　5｜i　　7·6｜5　　　6　｜
軍，　　後　面　有　全　國的　老　　　百

3　　0 5 6　｜i·7　6　5｜2·　　3｜5　5　　0｜
姓，　咱們　中　國　軍隊勇　敢　前　進！

6　　5·6｜i　i·　　｜i　0 6 5｜i i　0 6 5｜
看　準那　敵　人　　　　把他　消滅！ 把他

2　2　2　｜0　　0　｜i　i·　　｜i　　－　｜
消滅！（喊）衝啊！　大　刀　　　向

5·6　5·3｜i·　3｜2　　－　｜i　　－　｜x　0　‖
鬼　子　們的　頭　上砍　　去！　　（喊）殺！

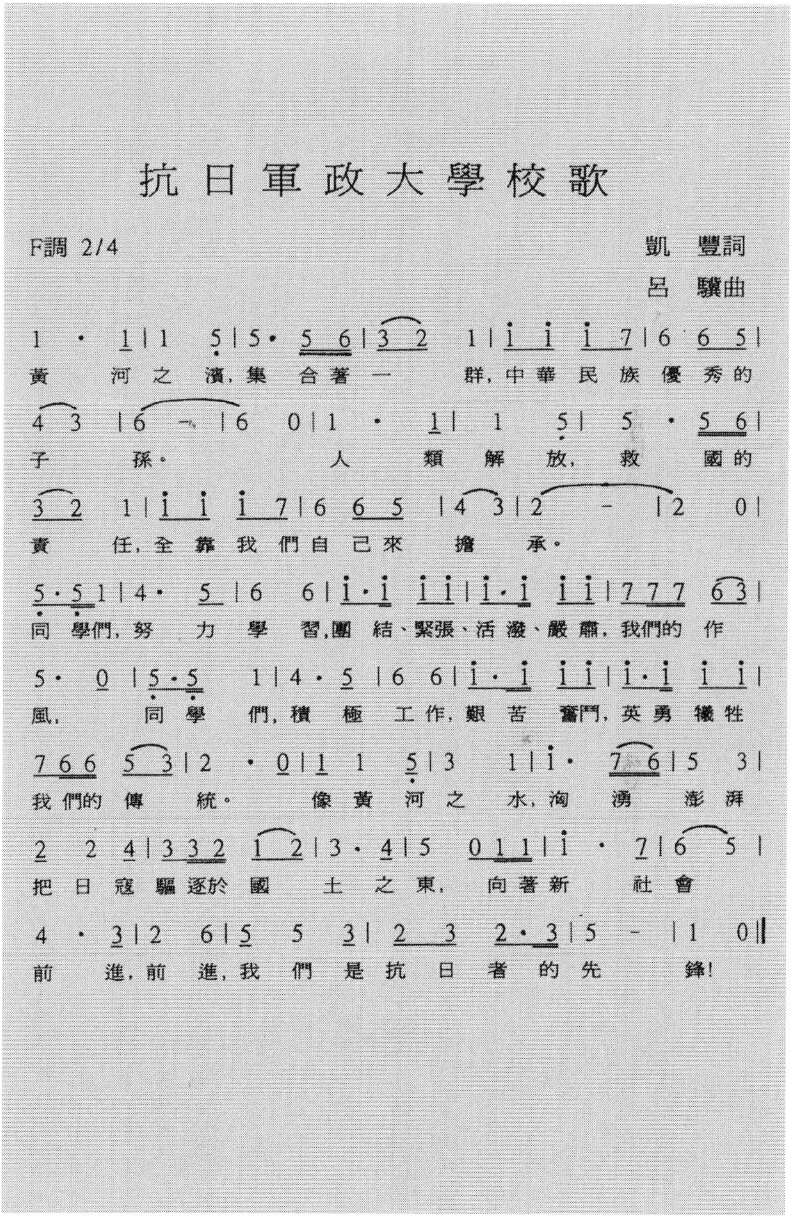

抗日軍政大學校歌

F調 2/4

凱　豐詞
呂　驥曲

1 · 1 | 1　5 | 5 · 5 6 | 3 2　1 | i i i　i 7 | 6 6 5 |
黃　　河之　濱，集　合著一　　　　群，中華民族優　秀的

4 3　i 6　— | 6　0 1 | 1 · 1 | 1　5 | 5 · 5 6 |
子　　孫·　　　　　人　類解放，救　　　國的

3 2　1 | i i i　i 7 | 6 6 5 | 4 3 2 | 2　— | 2　0 |
責　　任，全靠我們自己來　擔　　承·

5 · 5 1 | 4 · 5 | 6　6 i · i | i i i · i　i i | 7 7 7　6 3 |
同　學們，努　力學　習，團　結·緊張·活潑·嚴肅，我們的　作

5　0 | 5 · 5　1 | 4 · 5 | 6　6 i · i | i i i · i　i i |
風，　　同　學　們，積　極工作，艱苦　奮鬥，英勇犧牲

7 6 6　5　3 | 2 · 0 | 1 1　5 | 3　1 | i · 7 | 6 5　3 |
我　們的　傳　統·　　像黃　河之　水，洶　湧　澎湃

2　2 4 | 3 3 2　i 2 | 3 · 4 | 5　0 1 | 1 i · 7 | 6　5 1 |
把日寇驅　逐於國　土　之東，向　著新　社　會

4 · 3 2 | 6 | 5　5　3 | 2　3　2 · 3 | 5　— | 1　0 ‖
前　進，前　進，我　們　是抗日　者　的先　　　鋒！

第八章　找尋典雅小品　總第60期

上一章的各家抗倭滅寇詩作，閱讀書寫間，難免熱血沸騰，情緒高昂，血壓上升，我有心血管疾病，甚為不妙。但為中華民族之生存發展，我願意如此高調宣揚信念，很值得做的事。人生在世時間不多，如果僅為私利私益奮鬥，這樣的人生是不及格的，缺少了你為本民族做了什麼事！你為自己的國家做了什麼？身為中國人又為中國做了什麼？

這章讀的是《海上詩刊》總第六十期，作品量並不多，每一首每一文都要賞讀。心得書寫則換些典雅小品，讓內心平靜的欣賞一首詩的「典雅」感覺。但何謂「典雅」？先從我們老祖宗的詩學理論來認識，吾國大唐時代詩評家司空圖在《詩品》二十四之一的〈典雅〉品說：（註一）

玉壺買春，賞雨茆屋。坐中佳士，左右修竹。
白雲初晴，幽鳥相逐。眠琴綠陰，上有飛瀑。
落花無言，人淡如菊。書之歲華，其日可讀。

吾國文字自秦「書同文」後已大致統一，所以現代人看古代詩文也還沒有「障礙」，只是各時代有不同流行用語（如台灣「凍蒜」），相同詞彙不同涵意。前面這小段古文，翻現代白話如下。

玉壺買春，賞雨茆屋：玉壺是酒器，買春有二解，一解以春為酒，一解以春為景，此言載酒遊春，春光悉為我得，並非現代社會性交易中的「買春」。茆同茅字。於茅屋中賞雨，見其典雅。

坐中佳士，左右修竹：在坐中都是品性清高的詩人雅士，旁邊都是清雅的竹子，典雅之趣，自然得之。

白雲初晴，幽鳥相逐：白雲初晴天氣好，旁有群鳥相互追逐，人在其間，典文雅意，彌出無窮。

眠琴綠陰，上有飛瀑：眠琴，橫琴不彈，琴即已眠，人便在綠陰下徜徉，看不遠處有飛瀑。琴為雅物，瀑聲有韻，典雅之情自在其中。

落花無言，人淡如菊：落花是自然風景，自有雅趣。古人以菊喻隱士清高之志，此二句實已意涵典雅之神髓，只可心悟，難以言說。

書之歲華，其曰可讀：此二句合而言之，即書此典雅之年華，必為可讀之詩章。如是言之，則典雅不是光光不食人間煙火吧！

以上從客觀環境的典雅，到詩人墨客內心世界的典雅，說的似乎有些像禪宗，文字不易解說。老祖宗期許「多讀書乃可能至乎典雅之境」，但當詩人的那個不是讀了幾車書？如何從書中讀出「典雅」？賞讀錢國梁的〈楓葉〉。（註二）

一枚楓葉，乘著風
飄向哪裡
已是秋分時節
楓葉像一葉小舟

在尋找停靠的岸

楓葉紅了，情投何處
一片嫣紅欲燃
觸摸楓葉
也便觸摸到秋天

雜樹叢生的小區
唯有楓葉
敢與繁花爭艷
爭一片柔媚
爭一串誘惑
融入那本秋的經典

季節到了

留不住時光的冷峻
留住心願
一枚楓葉，乘著風
火一般的
擦過誰的鬢髮，泊向誰邊

典雅之外，更有自然而淡淡的愁緒。第一段「一枚楓葉，乘著風……在尋找停靠的岸」。樹葉飄落，象徵自然界的生命現象，階段性的結束，下一站要往何處去呢？詩人暗示並拋出一個議題，也是一種自我反思。

第二段詩人轉換情境，「楓葉紅了，情投何處」。比喻像是兒女長大了，翅膀硬了，要遠走高飛，「一片嫣紅欲燃」，孩子大了有他們的「欲望」，如嫣紅的火那樣熾盛。有一種秋愁，在淡淡的散開！

第三段再讚嘆楓葉的勇氣，敢於在她一方世界裡爭媚爭艷，展示自己的優點。言外之意，有暗示人要勇於發揮自己的長才，表現你最「經典」的一面。但畢竟時光走了，季節也一一走過，人生終究得面對黃昏，「留不住時光的冷峻……擦過誰的鬢髮，

泊向誰邊」。從第一段楓葉飄落頗為典雅，在淡淡的感傷中結尾。賞讀洪敏的〈咏「霧裡青」茶〉。（註三）

從天台仙寓山百年徽商路上
走來千年名茶「霧裡青」
天方人十二年辛勤耕耘
千年古茶煥發青春——
曾記否——
明王朝將「霧裡青」列為貢品
當年歐洲的王公貴族視為珍寶
為示時尚　顯示榮耀
寧可放棄「咖啡」改喝「嫩芯」
曾記否——
「哥德堡號」商號的沉沒
從此「霧裡青」匿跡銷聲

仙寓山　靈氣的山
秋浦水　秀麗的水
天方人提靈山秀水之精氣
讓「嫩芯」重登哥德堡號仿古船
「霧裡青」從此遠出國門

濃郁的茶香
飄過黃河長城
飄進人民大會堂
飄向世博　奧運

濃郁的茶香
陶醉古往今來多少墨客詩人
「秋浦萬里茶人到

笑說靈芝嫩芯來」
——古代詩人的衷情歌吟
唱出當今茶人的心聲

我沏上一杯碧綠的「霧裡青」
仿佛在雲霧裡升騰
猶如置身氤氳茶香的仙境
感謝你啊天方人
我要為你譜一支金曲
伴隨「霧裡青」如蘭幽香
飄得更遠　與世共存

「玉壺買春」，喝的是酒，但酒後通常接著喝茶，茶酒「一家親」，同是典雅事。所以詩句才有「陶醉古往今來多少墨客詩人……古代詩人的衷情歌吟」。詩人喝酒喝茶作詩高歌的典雅風情，也和民族文化有關，西方詩人的典雅大概就是喝咖啡，隨著地球村的形成，流行文化傳染很快，咖啡的典雅風情也傳到世界各處了。

但〈咏「霧裡青」茶〉，把歷史也說了一回，我並不清楚詩中「天方人十二年辛勤耕耘」，明王朝列為貢品等背景為何？「秋浦水」又是怎樣的水？無論如何！人民大會堂、世博、奧運都用「霧裡青」茶，表示這是珍貴的茶品種。筆者在台灣也喝了一輩子茶，最習慣烏龍和綠茶，而以綠茶為我的最愛。

賞讀這首詩，主要還是尋找典雅，「賞雨茅屋、上有飛瀑、人淡如菊」情境存在否？「我沏上一杯碧綠的「霧裡青」／彷佛在雲霧裡升騰／猶如置身氤氳茶香的仙境」。司空圖〈典雅〉品所述之情境，是否就是洪敏所在的仙境？或至少很相近了。

賞讀典雅的愛，顏志忠〈婚姻是個儲蓄罐〉。（註四）

走進婚姻禮堂，
好比打開儲蓄罐。
放進一個「緣」，
靠緣分才相遇相伴，

彼此付出多少，
決定緣分的深淺。
珍惜緣分多一點寬容，
家庭就增加十分溫暖。

放進一個「情」，
有愛情才相依相戀。
感受生活甜蜜，
就是有人在惦念。
呵護愛情多一點真心，
家庭就築成幸福的港灣

婚姻是一個儲蓄罐，
積累成銀婚金婚和浪漫

浪漫通常是短暫的，所以浪漫只存在愛情，難以在婚姻中存在，婚姻生活或可浪漫一時，能浪漫五十年六十年，這在世間是稀少的。西方人說，婚姻是愛情的墳墓，其實東方南方北方皆如是，這是「自然法則」。

但婚姻若能把握「緣」和「情」二字，雖不能浪漫一輩子，卻可以典雅一輩子，因為典雅中含著人「淡」如菊，平淡是長長久久的基礎條件。這首詩所經營的婚姻家庭生活，基於「緣」情，屬於典雅的氣氛，夫妻親子關係自然是比較溫馨的。

「**婚姻是一個儲蓄罐／積累成銀婚金婚和浪漫**」。世界上有婚姻關係的夫婦億億對，但能維持到金婚鑽石婚，可能不到百分之一或更稀有。這些金鑽婚族（東方）可能一輩子沒說過一句「我愛你」，生活也不浪漫，但他們牽手一輩子，平淡的生活一輩子。這樣的模式自然、隨緣、典雅，口中不說浪漫，本質上也算浪漫。賞讀溫秀榮的〈落雪的夜〉。（註五）

大地藏在厚厚的雪被裡
冬眠
萬物都在做著水晶般

冰清玉潔的夢

詩人圍在暖暖的爐火旁
思考
靈感像三春的草原
文字在詩的字裡行間跳著
繁花似錦的舞

戀人依偎在紅紅的傘下
慢走
腳印深深淺淺的延伸
猶如畫家筆下的梅

夜深
那爐躍動的火

那條積雪的街
那對戀人那把紅傘
那首詩

典雅又浪漫的小品，「茅屋賞雨」和「圍爐賞雪」，景物時節雖不同，詩人雅士做著「冰清玉潔的夢」，應該是同樣典雅又浪漫。

「坐中佳士、左右修竹」，古今詩人墨客聚會場地，總要有個典雅處所。現代詩人也一樣，「詩人圍在暖暖的爐火旁／思考／靈感像三春的草原……」詩乃誕生，「書之歲華，其日可讀」。

第三段是情人間的浪漫，第四段做個總結，詩人在這落雪的夜，大家暖爐邊做夢思考，創作靈感如三春的草原。春天，大地萬物都醒了，碧草如茵，草原遼闊，暗示寫詩的想像空間無邊無際，詩如泉湧。整首詩的感覺還是很典雅。賞讀趙靚的〈紅楓和瀑布〉。（註六）

白色的瀑布流在紅楓裡

我的心不期而顫抖
想喝瀑布
那是你的，你的
我力量和愛的天使，我的王
我顫抖在這滿眼楓葉裡
忘了自己的立足點
只想把生命融入你的顏色
你堅拔的身姿忠于和疼惜我，愛人
瀑布和紅楓
愛情浩浩蕩蕩，潔潔白白，長流不息

「眠琴綠陰，上有飛瀑」，在綠陰樹下乘涼看瀑布，情境安適自在，典雅也有幾分浪漫情懷。趙靚的詩則紅楓和瀑布共構美景，「白色的瀑布流在紅楓裡／我的心不期而顫抖」，這情境應也是典雅，所不同的就在詩人心情，心為何顫抖?紅楓如火，象徵熱情，對愛有所期待才會顫抖（因興奮或性奮）。如是，超越了典雅的程度。

詩人又將紅楓和瀑布想像成愛情，紅楓熱情如火，瀑布長長久久，「只想把生命融入你的顏色……愛情浩浩蕩蕩，潔潔白白，長流不息」。紅楓和瀑布意象都超越了典雅，光是典雅不能維持愛情，熱情（紅楓）加行動力（瀑布）保證有愛情。賞讀李莉的〈晚秋〉。（註七）

任蕭瑟寒風
吹白了蘆葦的頭
南飛的雁
默默將離愁，藏進
身後，那扇
透明的玻璃窗

遠山、近水
抖落一身疲憊
換上素衣，在靜默中

守候下一個輪回

怒放的雛菊在冷風中
悲憫地，望著
橫行的螃蟹

秋天意象總有幾分感傷，淡淡的感傷也是一種典雅，有離愁而不太濃，因為離去是暫時的，南飛的雁不久會再回來。你「守候下一個輪回」，季節的變換即是自然法則，便沒有太多愁緒。

末段雛菊在冷風後看螃蟹橫行，語意為何？通常螃蟹橫行形容無法無天的人或事，這和晚秋意象似有不合。但就整首詩看，可讀之典雅小品。賞讀費碟的〈琴伴山梅〉。（註八）

山水做的琴弦
開始與梅花結伴

紅梅俏山巔
你源頭就在天間
紅梅艷山谷
你瀑布秀美山川……

遠遠的你是流線
每一個跳躍的音符總像大山
打出風暴雪的呼喊

我不信那是陸游所言
而你
在毛澤東的咏梅詞前
婀娜多姿，風度翩翩
而我

隨新時代的瞬間萬變
奔騰滄海，同悲共歡

山上山下，水瀑擊雪如簾
梅芳梅粉，琴歌隨風蜿蜒

又一個典雅情境，「眠琴綠陰」的典雅較為寫境，講求寫實；而「琴伴山梅」當然也典雅，但「**山水做的琴弦／開始與梅花結伴**」，應屬造境，講求空靈想像。境界在這種情景交融中顯現，此即王國維寫境和造境之說。

詩中提到毛澤東咏梅詞，半個多世紀來，毛澤東的一切在台灣都是「絕對禁區」，違者可能小命不保。現在雖有些開放，也尚未見他的作品在台灣出版，筆者從未讀過他完整的文本，零星雜誌看過，還是很陌生，也就無法多述了。總之，「琴伴山梅」和「眠琴綠陰」，都是典雅情境，「**山上山下，水瀑擊雪如簾／梅芳梅粉，琴歌隨風蜿蜒**」，能不典雅乎？

本章談典雅小品，我認為典不典、雅不雅！主要還是詩人主觀情意比較重要，客觀環境次之。如陶淵明〈飲酒〉一詩，「結廬在人境，而無車馬喧。問君何能爾，心遠地自偏……」。我等將那些「不典雅」放逐於心外，留下的不全是典雅嗎？不知讀者客官以為然否？

註釋

一　蕭水順，《從鍾嶸詩品到司空詩品》（台北：文史哲出版社，一九九三年二月），下篇。司空圖，字表聖，自號「耐辱居士」、「知非子」，河中虞鄉（今山西省虞鄉縣）人，本臨淄人也。生於唐文宗開成二年（八三七），卒於梁開平二年（九〇八），時表聖聞哀帝遇弒於濟陰，遂不食而卒，年七十二。

二　錢國梁，〈楓葉〉，《海上詩刊》（上海豫園管理處，二〇一五年十二月二十五日），第六期（總第60期），第二版。

三　洪敏，〈咏「霧裡青」茶〉，同註二。

四　顏志忠，〈婚姻是個儲蓄罐〉，同註二。

五　溫秀榮，〈落雪的夜〉，同註二，第三版。

六　趙靚，〈紅楓和瀑布〉，同註五。

七 李莉，〈晚秋〉，同註二，第四版。

八 費碟，〈琴伴山梅〉，同註七。

第九章　我愛小詩　總第 61 期

儘管我寫過五千行長詩《囚徒》。（註一）我還是喜歡小詩，那種幾千行長詩，一輩子幹一次就夠了，實在太傷神，就像登珠穆朗瑪峰，誰敢幹第二次。

這期第一版的專文，鐵舞的〈我愛小詩：訪吳歡章〉。（註二）談了一些喜歡小詩的原因，我認為這是含我在內人性的自然習性，輕鬆又不費神。人都喜歡輕輕鬆鬆，誰願意勞苦？台灣詩壇有一句話流行著，「長詩是作者和讀者的災難」。誰願意吃飽了自找災難受？

有，千萬分之一的長詩之旅「冒險家」。如洛夫〈漂木〉（註三），是三千行長詩，筆者《囚徒》五千行長詩，抱著創造顛峰的冒險心態，但也幹一回就夠了，真是有夠受罪啊！

還是小詩輕鬆愉快，省時省力又可愛，也不會給人製造災難。有人說新詩要如美女的迷你裙，輕薄短小最迷人可愛，這是有幾分道理的，也合乎人的自然本性。因此，這章僅賞閱小詩，從小的開始，美芳子〈晚秋〉。（註四）

風跟著季節走
人跟著風走

霜白，楓紅
天涼了，我披上一件風衣

那時正年輕

明寫晚秋情境，暗喻歲月跑得太快，一季一季的飛逝，竟是一把年紀了。「風跟著季節走／人跟著風走」，這「風」有很多象徵，可以是社會環境或某種力量，讓你必須跟著進行某些事，人在江湖身不由己。

「霜白，楓紅……那時正年輕」。天涼了披上一件風衣，是多麼自然的動作，就像肚子餓了吃飯，暗示日子就這樣自然的過了這麼多年，現在已不年輕了。

秋天的意象本來就有些蕭索，加上感嘆歲月的快速流失，整首詩就有一種淡淡的愁緒，和一些無奈感。然而，這便是人生的真實面貌。賞讀顏志忠〈稻草人〉。（註五）

老家山後大田裡，
有一個孤獨的稻草人。
頭戴草帽日曬夜露，
守護著庄稼人的艱辛。

我要在自己的心裡，
扎一個忠誠的稻草人。
多彩的世界在眼前晃悠，
請它驅散不和諧雜音

明德为仁　范振中
静以修身　余德前
国石瑰宝　吴松林
心安则神强　方建平

稻草人的功能是驅散入侵者（小鳥），守護農作物。詩人要轉用此項功能在自己身上，因為人在社會環境裡，也會碰到各種入侵，傷害到自己安全或利益。「多彩的世界在眼前晃悠」，眼前太多美麗的誘惑，一不小心就迷失在欲海之中。

於是，「我要在自己的心裡／扎一個忠誠的稻草人……請它驅散不和諧雜音」。這表示詩人是自覺先覺者，預期看見未來可能的危機，先做防備。第一段是客觀景物，第二段是主觀心意，主客交融讓詩有了境界。賞讀金月明的〈春聯〉。（註六）

一年的喜慶溢出門外
紅了左，紅了右
紅了頭頂的門楣
手書的文字
引動心扉
那龍飛鳳舞的筆劃
看看舒服，讀讀會心
靜下心來
還可慢慢品味

老祖宗留下的風俗呵
不論生活
豐裕還是貧瘠
可不能丟卻
這文化的智慧

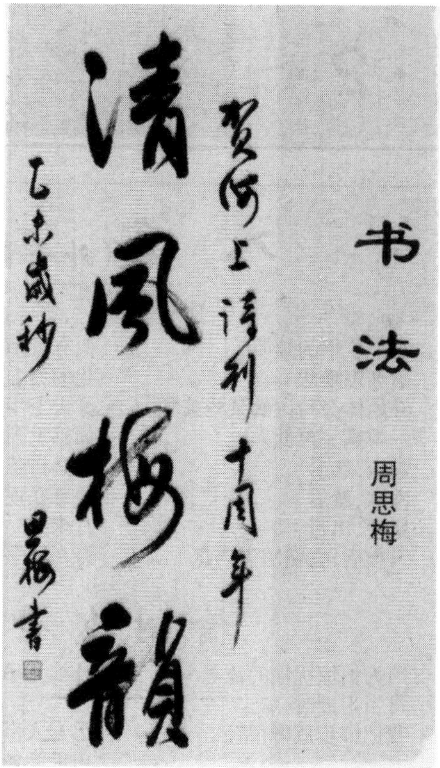

確實，「春節」是中華民族自古以來特有的節慶，全球只要是中國人就過這春節，各種活動中家家戶戶貼「春聯」也是春節重要象徵。所以，整個春節春聯不僅是文化的智慧，更是中華文化體現在人民生活的實踐，實有重大深刻的意義。

當兩岸中國人因政治而分裂半個世紀，至今難解。但兩岸中國人年年過著相同節慶，春節、民族掃墓節、中秋節，同文同種同語言文字，應該要儘早完成統一，台灣在國際上也有地位。賞讀馬小華的〈閑居小賦〉。（註七）

遠離鬧市喧囂
結廬田園逍遙
沐浴陽光覺皓
享受微風輕搖
心隨足尖移動
看花開蝶舞
聽鳥鳴蟬吟

任記憶的碎片
在氤氳的空氣中
細細散落
讓思緒在靜寂中遼遠
舒展光陰的長卷
信馬由繮
恣意揮毫

前四行詩人刻意用韵，方便順口誦讀。陶淵明「結廬在人境」，不必到山林田園，就能「心遠地自偏」，這是功力的問題。現代人俗務太多，難有陶淵明的功力，要享受一點清靜，必須「**遠離鬧市喧囂／結廬田園逍遙**」。難怪全世界流行著民宿、森林小居、樹屋、田園度假村等生活方式。

從反面思考，現代社會給人壓力太大，因競爭造成的身心傷害太多，出現了很多「現代病」，找不到「出口」只好自殺。因此，越是先進富裕的社會，自殺率越高，救命辦法就是讓他去田園度假。「**享受微風輕搖……讓思緒在靜寂中遼遠**」。他，還會去自殺嗎？這是我的看法，應是有益良藥。

若以行數字數算，傳統五言、七言等詩詞都是小詩，字少一樣可以寫出光鮮亮麗的風景，給人賞心悅目。如單子堅這首〈金猴迎福〉。（註八）

金猴迎來五福花，春風旭日樂無涯。
手捧仙桃賜人間，齊天大聖神功大。

瑞雪申城披銀裝，報春梅雀好風光。
碧空爆竹無聲響，簫鼓情醉聽皮黃。

二〇一六年丙申猴年，「丙申」和「猴年」，都有特別的中華文化意涵，也只有中國人懂並且使用。每個人都知道自己在十二生肖中，你是哪一種動物，但筆者所屬的動物，卻不在地球上！

「西皮」和「二黃」合稱皮黃，上海別號「申」，故叫申城，這些說來話長，就像中國五千年歷史文化。隨便任何一個城鎮，追「根」可能都能追到三皇五帝，這是西方人五百年來搞不懂中國的地方。中國的「底蘊」太深厚了，很多神妙之處。賞讀木紫〈春寒〉。（註九）

台上，虛偽的布景
在炫目的鎂光燈下
裝扮著自己的熱情
戲子沉浸在角色

演盡世態炎涼

台下，一聲哀嘆滾落
眼角白色的鹽花
鹹的有些發苦

虛無的熱鬧，終是難掩
這道春寒，蝕骨的冷

台灣有句俗話，「做戲也空、看戲也呆」（台語發音），意思說「演戲的是瘋子，看戲的是傻子」，明明全是假的，看的人卻激動、嘆氣、落淚！

在傳統農業社會中，「戲子」是貶意稱謂，在現代社會則已提昇為「藝術家」。這詩中的「戲子」，已能「**沉浸在角色／演盡世態炎涼**」，頗有境界，應該可以進昇藝術家之流。賞讀熊小森的〈時代〉。（註十）

當長江堤決之時
人心向何處奔突
當戲劇院謝幕之後
掌聲往哪兒投宿
一切都是霎時
一切都是力量的使然
把心交給善良
把眼睛交給光明

把寬容交給衝鋒者
把力量和磨難握在手中
民眾和智者的擁抱
是怎樣一副畫
哦——
奇異的人類長卷

太陽和地球會高興
一百億年

「當長江堤決之時／人心向何處奔突」。這句很驚恐，暗指「大難臨頭」時，人心會湧向何處？佛法常說世間無常，沒有人知道下一刻會發生什麼？戰爭、百層大廈失火、大地震、大海嘯……天災人禍都有可能。那麼，人生該如何安身立命呢？詩說，「把心交給善良／把眼睛交給光明／把寬容交給衝鋒者」，詩人是樂觀和善良的人，更重要的「把力量和磨難握在手中」，意思說要有能力「掌握磨難」，便能得到民眾和智者的擁抱，這是掌握時代潮流的能耐。

行數不多的詩出現過幾個名稱，小詩、短詩、微型詩等，從一行到幾十行都有。個人以為一行詩叫詩有些勉強。二行詩又像對聯，三行以上較合適。賞讀錢國梁這首〈夜〉。（註十一）

每個夢中的黎明
被鳥聲喚醒
開始體會與詩的某些關聯

一聲高一聲低
起床，然後
洗漱，然後
用餐，出行
入夜後，它們悄無聲息

似有難抑的情緒
我的桌上攤著半夜詩稿
像天上半個月亮
那感覺漸隱漸顯
不必講花開花落的過程
靈感在夜色中徜徉
月未圓
詩在哪裡

〈入夜〉是醞釀詩的經過，每個人的創作習慣不同，有人在午夜，有人要抽煙，有人要喝酒，喝到忘我詩如泉湧。如李白斗酒詩百篇，陶淵明大概在菜市場也能寫詩，他有「心遠地自偏」的修行功夫。

錢國梁社長住的地方，可能是郊外的花園洋房，才會「**每個夢中的黎明／被鳥聲喚醒**」，這樣寂靜的氣氛正是誕生詩的溫床，心靈飛了起來，很自然的「**開始體會與詩的某些關聯**」。詩評家司空圖《詩品》之一〈自然〉品說，「俯拾皆是，不取諸鄰」，講的就是說詩在自己生活自然存有，不必遠求諸鄰。所以，陶淵明就算住在菜市場內也可以寫詩，錢國梁在黎明、入夜都有詩醞釀，詩就在人的生活中；或生活就是詩，更是一種境界了。

〈入夜〉一詩有豐富的詩語言和想像，「**靈感在夜色中徜徉／月未圓／詩在哪裡**」。總的來看，錢國梁寫詩的習慣可能都在晚上，白天有雜事干擾，晚上心靈平靜，正是靈感要「啟航」飛行的時機，心靈自在是「種詩」的重要精神土壤。

我國詩歌美學派別中，道家的「浮游」逍遙是公認意境論原產地。莊子〈在宥〉說：「浮游，不知所求；猖狂，不知所往。游者鞅掌，以觀無妄。」人生境界就在這不知所求、無妄無為的浮游中獲得。而詩歌在這自在環境裡，無拘無束的誕生，才是美學之上品，西方「散步學派」亦如是。賞讀岩翁的〈吳門女神〉。（註十二）

江南文才聚吳門，今日又見一女神。
小楷娟秀珍珠撒，水墨清逸風骨存。
磨難經歷悟佛理，浴火重生脫紅塵。
名重書畫藝術家，不忘根是農家人。

一九六三年初生於蘇州，早年跟隨費松偉先生、朱耕原先生學習山水；為著名畫家邵文君、徐紹青先生入室弟子，跟隨先生學習山水、蘭花、人物、書法；後又師從海上名家錢定一先生，專攻傳統山水、蘭花、小楷書法，作品靈動飄逸，筆墨乾淨秀麗。現為蘇州市書畫收藏家協會理事，吳門畫派學研會會員，中國藝術家聯合會會員。

身為正式皈依的佛弟子，又是皈依在大名頂頂的佛光山星雲大師座下，總有一種「普渡眾生」的期待，希望人人都是佛弟子。詩中說這位女神「磨難經歷悟佛理」，想來她可能也是皈依我佛！或至少對佛法有些基本認識，對她就有了幾分親切感。

我對於不忘根本的人總是敬佩的，人之所以為人，不忘本（父母祖先、祖國）是重要的基礎條件。其實很多動物（大象、猩猩、猴子、羊……），牠們也有相當程度是「不忘本的獸」。我為什麼討厭台獨傾向的人？因為他們忘本，獸禽不如啊！是故，由賞讀金月明的詩，再向這位女神致敬，〈與丹青結緣〉。（註十三）

江南的文氣
滋養著你
一位纖弱的農家女
阡陌的春色
是你藝術底稿的初語
與丹青結緣
開始了一輩子的跋涉

水墨走過的路
豈只是坎坷崎嶇

一場大難
一次浴火重生的感覺
從此
你的筆有了佛性
桌上的紙也多了神喻
鐵劃銀鈎的楷書
每一筆如走一步
步步走過精神的煉獄
讀你那
鳳凰涅槃後的墨寶
我力不從心呵
太需要

文化的沉澱
思想的飛越

這首詩用了兩個佛法上的專有名詞，「佛性」和「涅槃」，後者要講清楚涉及太多理論，故不論述，前者因佛教在中國流行二千年，「眾生皆有佛性」是廣為人知的。問題在眾生皆「有」，也幾乎眾生「不知道」自己有，甚至否定自己有。這也不奇怪，就如地心引力幾億年來都有，自古以來億億人也都不知道，只有到牛頓被他一人發現「有」地心引力。

「**你的筆有了佛性**」，指人發現了自己的佛性。眾生都少不了有些苦難，大難小難，同樣碰到災難，有人跳樓跳海自殺，有的人浴火重生，這是智慧和悟性的問題。有悟性有智慧，有眾生之中是較稀有的。

這位書法家從一場大難中浴火重生，她創造了傳奇故事。「**文化的沉澱／思想的飛越**」，讓她進化昇華成「女神」，過程中有她很多學習、苦修，才得到的「神果」！而不是突然、如神話般就有了！

註釋

一 陳福成，《囚徒：陳福成五千行長詩》（台北：文史哲出版社，二〇一五年七月）。

二 鐵舞，〈我愛小詩：訪吳歡章〉，《海上詩刊》（上海豫園管理處，二〇一六年二月二十五日），第一期（總第六十一期），第一版。

三 洛夫，《漂木》（台北：聯合文學出版社有限公司，二〇〇四年十二月十日）。

四 美芳子，〈晚秋〉，同註二，第二版。

五 顏志忠，〈稻草人〉，同註四。

六 金月明，〈春聯〉，同註四。

七 馬小華，〈閑居小賦〉，同註二，第三版。

八 單子堅，〈金猴迎福〉，同註二，第四版。

九 木紫，〈春寒〉，同註八。

十 熊小森，〈時代〉，同註七。

十一 錢國梁，〈入夜〉，同註二，第二版。

十二 岩翁，〈吳門女神〉，同註八。

十三 金月明，〈與丹青結緣〉，同註八。

第十章　總第63期　祝賀「海上詩社」成立十週年

打開這期一看，是《海上詩刊》成立十週年，有不少名家題詞，因此本章就以十週年為章題。第一版有朱珊珊〈為人民吟唱〉，二〇一六年西門端午詩會。（註一）判斷這詩刊詩社，大概就是十年前端午節（中國詩人節）成立的，還算是很年輕的詩刊詩社，未來還有長遠的路。詩人組詩社在我國很有歷史，如明朝很多詩社，明亡後還有詩社「轉型」成反清復明組織。

要選那些詩來紀念詩社成立十週年？好像也找不出標準，從一到四版每首都是紀念之作。就從社長、副社長、秘書長開始好了。首先是社長兼主編錢國梁作品，〈這聲音〉。（註二）

這聲音如灰塵一樣，只有
開頭，風一吹
便完成了它的結尾

晨霧已收
蟬聲已歇
這聲音在誰家屋檐下
晃蕩，一會兒晃東
一會兒晃西
似乎總有那麼一點感傷
受到扭曲

這些年這聲音常常
刺痛小巷的神經

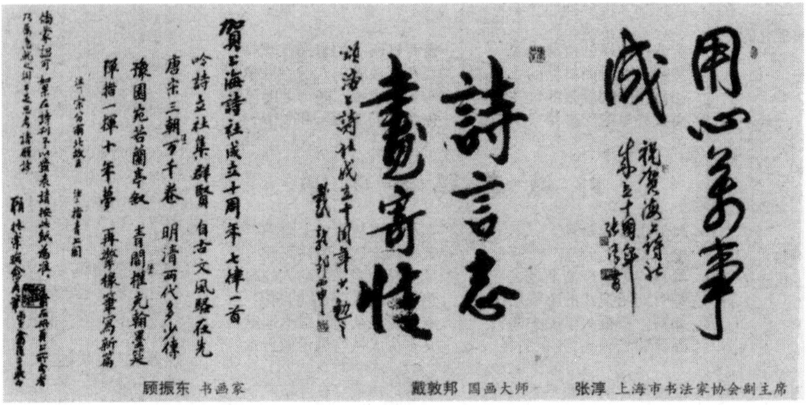

顾振东 书画家　戴敦邦 国画大师　张淳 上海市书法家协会副主席

一遍遍刺碎那些堆積起來的
企盼和感覺，那些敏感

如果這聲音硬似鋼鐵，似
金子般的閃光，威嚴
而且承諾夢的所願
沒有虛假
是真切的開始
——而我知道無法摸準它的
密碼
終究僅僅是一句傳言

讀了錢國梁不少的詩了，他的作品大多是屬於比較空靈，想像無邊，就如這首〈這聲音〉也是，都是一種心靈上的「造境」之作，而不在人事上作文章。

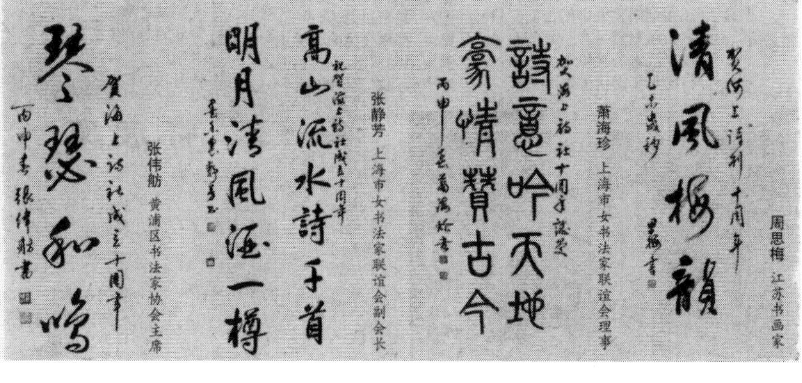

「這聲音」是什麼？是詩人內心的呼喚！是天籟之音！是神的旨意！或人民的心聲？任由讀者詮釋。因為最後詩人說「密碼／終究僅僅是一句傳言」，也就讓它如風聲般到處去吹了。但詩人辛苦「生」出一首詩，一定有其特定意涵，何況社長的作品總是放在最顯目的版面位置，不能辜負了讀者。

「這聲音如灰塵一樣，只有／開頭，風一吹／便完成了它的結尾」。聲如灰塵，暗示極為細微，可能很多人都感覺不到的，如心靈之聲，真理之言，人感覺不到，所以風一吹就不見了。那為什麼詩人聽得到這聲音？這就有一種暗示了，詩人很敏銳敏感，可以感受到生活中極細微的聲音。

這聲音從何處而來？「在誰家的屋檐下……刺痛小巷的神經」。可能就在詩人家，但為什麼這些年來，常刺痛小巷的神經？接著刺碎了那些企盼，顯然這聲音和一條小巷有關。例如，小巷要不要拓寬？房子要不要改建？雜音多，問題多。還有，如果這聲音很硬又有威嚴（如黨的政策），這就是好的開始，但詩人仍摸不準，因為聲音還沒有「成熟」。接下來賞讀副社長兼副主編朱珊珊的作品，〈外灘老碼頭有感〉。（註三）

暗夜裡享受天堂
耳邊的船笛聲漸漸遠去
卻聽到船把式的吆喝悠揚
如同一只擱久了的手鐲
黯淡的老碼頭，光很明亮

還是那樣清晰而熟悉的場景
雪茄、紅酒，還有打打殺殺
還在煙雨蒙蒙中的街面弄堂
盡頭總亮著一束強烈的白光
我在江水的映象中去打撈
打撈早年潛伏的那些榮光

在喜歡講故事的上海灘
曾經的老碼頭發達興旺

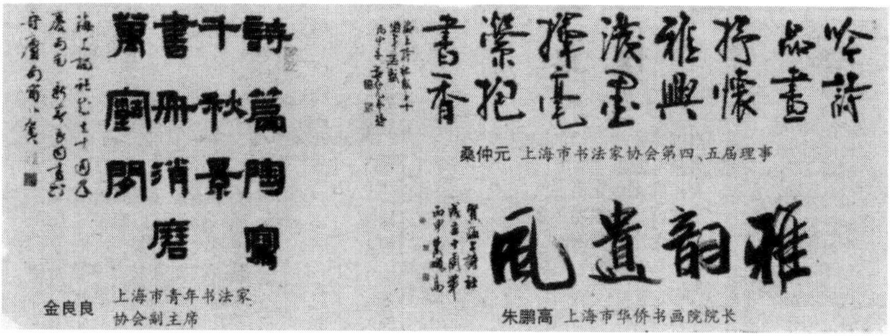
吟詩品畫
抒懷雅興
潑墨揮毫
縈抱書香
桑仲元 上海市书法家协会第四、五届理事
雅韻遺風
朱鵬高 上海市华侨书画院院长
金良良 上海市青年书法家协会副主席

反反覆覆演繹生動的故事
熱鬧的場景、鮮活的面龐
有多少人從這裡滑落地獄
又多少人從這裡走向天堂？

所有的都藏身在雕塑之下
讓一座城在水中慢慢搖晃
現在，我也是老人——
見證，都刻在滄桑的臉上
我用模糊雙眼，遲鈍目光
追望著江水流逝的方向……

這期二版有朱珊珊兩首深刻有感的作品，老詩人有感而發的真性情，很能引起我的共鳴，這可能和我從「大歷史」看興衰有關。〈泛著榮光的夜色〉一詩，寫的是現代大都會裡的繁榮、浪漫和激情，加上一點罪惡的暗示；而外灘老碼頭則懷舊，懷念

過去的興衰。

第一段呈現老碼頭的現狀，「風浪裡仰起頭顱……黯淡的老碼頭，光很明亮」，就像一個老人家，依然挺起胸膛，打起精神。「如同一只擱久了的手鐲」，表面上蒙了灰塵，價值仍在（暗示外表老了，仍很有內涵）。

老碼頭地區老歸老，紅塵社會各類悲喜劇，依然在現場每日上演，「雪茄、紅酒，還有打打殺殺」，燈紅酒綠，街頭打殺，人間社會永遠皆如是。老人家看盡世態，如今只剩回憶，「我在江水的映象中去打撈／打撈早年潛伏的那些榮光」。這種感覺很寫實，人生的真相本來如此，故能引起共鳴。

第三段從「大歷史」（百年以上變遷）看外灘老碼頭的更替興衰。其實從大歷史（長至數千年）看世上很多地方，巴黎、倫敦、杜拜、耶路薩冷、上海、南京……幾乎都同樣在興衰輪迴中。「反反覆覆演繹生動的故事」，許多人去了地獄，也很多人去了天堂，如同強權興衰，地球老大輪班換人做。

「現在，我也是老人……」老詩人經歷幾十年的經驗和智慧，他有大歷史的天眼，能從過去、現在，看到未來。他深受感動，「我用模糊雙眼，遲鈍目光／追望著江水流逝的方向……」那是無盡的未來，人的未來是有限的，世界的未來無限。賞讀秘書

長金月明作品，〈伊人何方〉。（註四）

山和水碰撞的所在
情感漩渦般激蕩
來不及沉澱你我的思緒
匆匆離別
像無情的風雲一樣

你的舟，掛帆啟程
我的馬，揚蹄策韁
臨別一張箋紙
是詞不達意的幾句詩行
不再掛念
深深的愛意
就在這離愁中
躲藏

对联　王文治

典雅、含蓄的情詩。深深的愛躲在含蓄的美感中，第一段用山和水的碰撞暗示兩人關係，是共構美景與依存的關係。但離別如風雲之無情，終究必須要面對。

第二段寫離情依依，口說不再掛念，卻「深深的愛意／就在這離愁中／躲藏」。這是含蓄的表達，古人說「詩文要含蓄不露，便是好處。」此詩中愛意之「躲藏」不露，亦顯愛之深、情之切。賞讀顏志忠的〈我的鐮刀鐵錘〉。（註五）

青年時下鄉滾泥巴
最盼望金秋來到
我磨亮鐮刀
走向稻浪滔滔
鐮刀的閃光
映照豐收的喜悅
村東宅西傳出的歡笑

那年被返城風刮回
投身大都會全新鍛造
我掄起鐵錘
延伸彩虹般的高架橋
一聲聲錘擊
夯實人生價值
迸發自強拼搏苗

這天
注定要銘記一輩子
我把拳頭舉過眉梢
鐮刀和鐵錘
在眼前交叉閃耀
誓言熔入這輪金黃
心中升騰理想

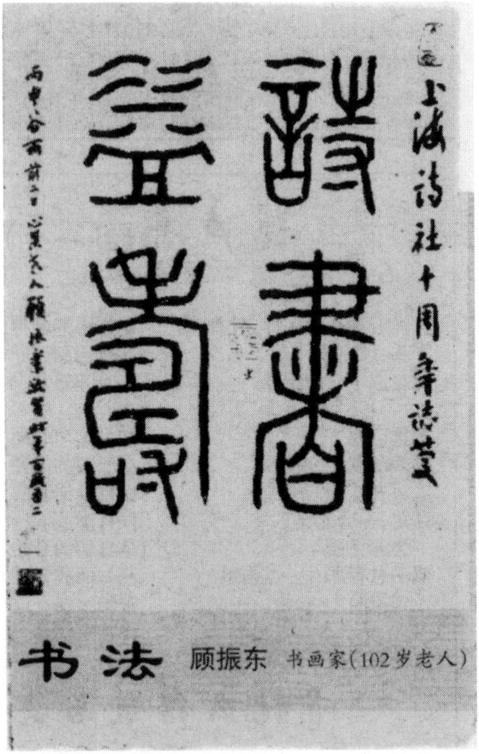
书法 顾振东 书画家（102岁老人）

頓覺肩負的使命多麼崇高

顏志忠另一首〈黨旗贊〉和費平的〈黨旗頌〉，都用到鐮刀和鐵錘意象，是農人和工人的象徵，代表中國人口結構中最多的兩種職業別。這是半個多世紀前的情形，隨著現代化會逐漸改變結構，科學家甚至已預測，不出幾年後，智慧機器人將普遍取代人工，不知那時農民工人是否存在？鐮刀鐵錘意象可能也要改了！這是未來的事，但新聞天天在恐嚇人，說很快來臨，大家等著失職失業。還有，現在 AI 詩人（機器人詩人）也出現了，聽說詩寫得又好又快，連詩人也受到「恐嚇」了，未來連詩刊也辦不下去了……

無論如何！顏志忠這首詩寫得很真誠，一個人從年輕下鄉接受煅煉，到都會面對挑戰，從中領悟人生的意義。「**一聲聲錘擊／夯實人生價值**」，不僅詩語言十分厚重感，更突顯年輕人勇於承擔的氣魄，讓他「接地氣」，領悟人生有更崇高的使命。賞讀左長存〈櫻花〉。（註六）

玉珠晶瑩千棵樹，三月櫻花蝶追逐。

一時風吹花雨降，如煙如霧漫天舞。
三月陽天花報春，粉妝雪靨蘊殊魂。
蝶舞蜂飛多情客，賞櫻還是去顧村。

把櫻花季節的賞櫻氣氛寫得很美，風吹櫻花漫天飄舞的意象，產生一種朦朧美感，加上蝶和蜂的出現增加動感生機。只覺得，或許各地櫻花季有所不同，三月該是「台大杜鵑花節」，很少看到櫻花。

《海上詩社》之所以能正常運作，詩刊按時發行，「上海豫園管理處」是背後的支持者，而「豫園」的存在，豐富了大家的人生意義，提昇了每個人的生命價值。賞讀豫園一景，西河散人的〈九曲橋隨想〉。（註七）

有人在湖心亭輕含茶香
老龜舒展筋骨聲，隨微風潤過玄瓦
一棵紫藤斜依朱窗

聆聽水的語言葉葉相碰

九曲橋彎進歲月，彎成光陰的濃度
一朵水仙橋上和一朵紅杏咬著耳朵
一樹桃和石榴用燕聲嬉鬧
紫荊花和桂花隨荷花仙將素手逗引游魚

九曲橋，九曲十八彎
一處彎把一種好款款移動
一位老人親切，幾個孩子聽從前興奮臉紅
倆情侶互透喜歡向碧波拋下款款心語

梅和菊睡進季節的靜處
幾尾鯉撥弄光斑，律動水的音節
香樟樹暖暖為雲朵指路，幾株茶笑臉迎賓

一塊湖石沉穩，用德行吟誦善念
叢叢青楓鼓掌
一眾游人到此，歸靜

筆者雖未親臨現場觀賞，從詩裡也能感受到繁花似錦的熱鬧氣氛，詩中出現近二十種動植物，與九曲橋共構一方美景。

從詩技詩藝看，詩人也用了「物我合一」的技巧，如水仙和紅杏互咬耳朵，桃樹和石榴嬉鬧，桂花荷花逗引游魚等。凡此，讓靜態世界鮮活了起來，境界也起來了。

本章為彰顯十週年慶，將各名家題

九曲橋　　豫園一景

詞一併附印在文章空白處，也等於為《海上詩刊》留下永久紀念。只是因距離遙遠，未能取得同意，也諸多不便，但按一般學術引用規則，來源出處註明清楚，大概就沒什麼問題。

註　釋

一　朱珊珊，「為人民吟唱」，二〇一六年老西門端午詩會，《海上詩刊》（上海豫園管理處，二〇一六年六月二十三日），第三期（總第63期）。

二　錢國梁，〈這聲音〉，同註一，第二版。

三　朱珊珊，〈外灘老碼頭有感〉，同註二。

四　金月明，〈伊人何方〉，同註二。

五　顏志忠，〈我的鐮刀鐵錘〉，同註一，第三版。

六　左長存，〈櫻花〉，同註一，第四版。

七　西河散人，〈九曲橋隨想〉，同註一，第一版。

第十一章 意外發現是她嗎 總第64期綴感

收到這期首先就翻一翻，初略掃瞄一下作品，突然眼睛一亮，發現一女詩人大名「項美靜」，是否就是不久前在台北見到的女詩人？同一人或只是同姓名。一年多前，一群詩人聚會，范揚松、方飛白、吳明興，席間也有一位叫「項美靜」，她送大家新出版的詩集《與文字談一場戀愛：項美靜詩集》，設計精美。

我趕快放下詩刊，拿出她的詩集看她的背景。項美靜，浙江湖州人，出生杭州，二千年定居台北。杭州大學高等教育自學考試漢語言文學專科畢業。也在很多詩刊發表作品，其中之一是《上海埔江詩刊》。正好，她在這期《海上詩刊》和自己詩集，各有一首內容不同的〈曇花〉，我想做個比較，從詩「追人」，先賞讀《海上詩刊》上的〈曇花〉。（註一）

月光下匍匐千年
不為綻放
只等妳盛開後嬌羞的閉合
午夜沐香合掌
不為芬芳
只等這一刻潛入妳漸合的心
若如來
下世
我為優曇缽羅花
一現，不為韋陀
只為你

項美靜詩作有一特色，大多短詩、短句、空靈。其用詞精煉，給讀的空靈想像空間很大，如吾國之國畫，每一首詩必定有「留白」。如這首〈曇花〉，詩人將她想像成一個美女，「嬌羞的閉合」和「漸合的心」，散發著含蓄的美感。至於「曇花」和「優曇缽羅花」在植物學上是否不同？我並未深究。

項美靜送筆者的詩集《與文字談一場戀愛》，還有她的簽名和提詞，該書分四輯，詩約百首。〈曇花〉一詩在第一輯〈風花雪月〉，賞讀之。（註二）

緩緩撩起神秘的面紗
燦爛的容顏
掠奪了我的雙眸

來不及眨眼，妳已倉促離去
匆匆一瞥
結下千年情緣

繾綣在瞬間的欺騙中
不願醒來，確信
妳曾來過，我的白衣仙子

二〇一五年七月二日

也是將曇花女性化，且將賞花視為千年情緣，兩首〈曇花〉都用了千年意象，散發著濃濃的情意芬芳。「來不及眨眼，妳已倉促離去」，正是成語「曇花一現」的詩語，二首詩的空靈空間也寬廣。種種「證據」顯示，《海上詩刊》這位女詩人項美靜，正是一年多前我在「范揚松地下別館」詩人雅聚，碰到的那位女詩人項美靜，二者同一人。還有，「項」姓不多，再和美與靜連接，在這世上何處尋得第二人？

最近新聞報導，地球總人口已超過七十三億，中國人就約十四億，台灣也有二千多萬人，真是人海茫茫。一年多前偶然碰到的女詩人，如今在《海上詩刊》見到她的作品，能不說我們已「結下千年情緣」嗎？

「緣」是有佛教信仰的重要概念。佛教在中國流行二千多年，已成中國「國教」，所謂中華文化三核心價值，正是儒、佛、道三家思想。在項美靜的詩集中，許多作品用了佛法意象。如〈輪迴〉、〈問佛〉、〈空門〉、〈釋迦〉等。（註三）其他詩文中散發佛法意象更多，可見她對佛法是有認識有領悟的，不論她是否皈依！

第四版有一首小品，雖僅初略一瞄，仍然引來心頭一震。小詩字少，依然可以產生一種如古代禪師「棒喝」的力量，讓人不得不醒一下！閑雲的〈南柯一夢〉。（註四）。

花雖凋謝難離情，葉雖凋落依然心。
物物相同一脈成，人生牽掛無禁行。
雖知南柯一夢中，又有誰能徹底醒？

花凋謝和葉離落，都是客觀景物的自然現象，不含有感情成分；難離情和依然心，則是人的感情投射。在主客相融中彰顯「物我合一」的境界，在這樣的境界裡如佛陀說「緣起法」，宇宙間一切都在因緣中生滅，沒有獨立性。緣生則聚，緣散則滅，是謂緣起緣滅。

人就在這個「緣網」中生活一輩，在緣網中「覓食」生存，人不能完全「離緣」而存在，不可能無緣無因無故的存在。是故，「**物物相同一脈成，人生牽掛無禁行**」，由於人存在於「緣」中，緣起緣滅，所以《金剛經》才說，「一切有為法，如夢幻泡影，如露亦如電，應作如是觀。」這才是人生之實相，亦宇宙生成之真相。「雖知南柯一夢中，又有誰能徹底醒？」不問張三李四是否徹底醒！也不管眾生是否徹底醒！我沒有「普度眾生」的大願。只問自己是否徹底醒！這一反問，心頭一震，只因還要反省檢討的空間，太大太多了！

第四版是「豫園．穆治鋼懸紙書作展」，我不懂「懸紙書」是什麼?可能是一種創新的書法模式，附印在空白處給讀者欣賞。賞讀非墨的〈蒲公英〉。（註五）

若不是季節的緣故
我只是夏天，或者秋天
生長在草甸上的一小片白雪
若不是陽光的緣故，我只是
被時間過早凍結在地表上的幾縷白髮
像白癜風一樣的癬

若不是風的緣故
我不會滋生飛翔的夢想
老實偽裝成一朵無法讓人驚艷的花

若不是你吹氣如蘭的嘴
我不會有膽量去冒充一名天才的跳傘員
冒險在空中跳一段經典的芭蕾

若不是你的緣故，我的心
只是一塊長滿霉菌的毛豆腐
只是一條普普通通長著刺的毛毛蟲
只是一種沒有任何重量的輕
只是一種近乎透明的白
因為你的緣故

一切都發生了改變

非墨這首〈蒲公英〉寫的太好了，讚嘆！先從詩學上來談。結構完整而流暢，用蒲公英一生漂流的過程，暗示生命歷程中的種種因緣，這便是人生。詩語言的運用甚為豐富，如風的緣故滋生夢想，沒有任何重量的輕，近乎透明的白，都讓想像力長出了翅膀。

詩意象鮮活而新奇，如「天才跳傘員、空中跳芭蕾」，如「一小片白雪、幾縷白髮、毛豆腐、毛毛蟲」，其實就是到處飛飄的蒲公英花種等。以此暗示人生過程，象徵許多美好的因緣，「**因為你的緣故／一切都發生了改變**」。人生，有因緣，一切都有可能。

這首詩的意涵上昇到思想、哲學和佛學的高度。就世間法（有為法）說，「季節的緣、陽光的緣、風的緣、你的緣」，代表人生離不開種種因緣，透過「緣」成就人生的一切。因此，我們要惜緣、隨緣，所謂「隨緣」不是隨緣去來而不須理它，而是把握因緣、經營因緣。

就出世法（無為法），「緣」是佛陀在二千多年前，金剛座上菩提樹下，夜觀明星宇宙，所悟出（發現）的第一個道，即「緣起法」。因宇宙萬物，皆因緣生滅，並無獨立性的存在，也叫「緣起性空」。

寫對國家民族的愛，自古以來不計其數，不容易寫的好，因為我們總會淪於呼口號式的詞句，難以扣人心靈。在我讀現代詩的記憶中，這類詩很多，我自己也寫「愛國詩」，從未見過像顏志忠寫的這麼好，〈媽媽對我說〉。（註六）

媽媽對我說
她有許多珠寶
灑落在南海
一個個鑲入湛藍
金燦燦不動不搖

媽媽對我說
那裡的每一朵浪花
都唱著古老的歌謠

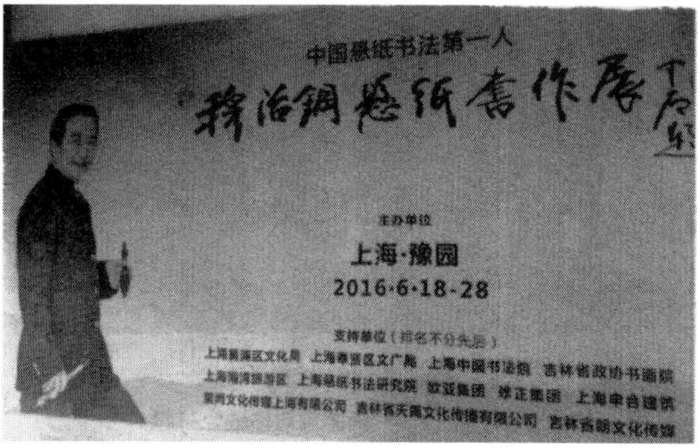

再小
也絕不讓人偷盜

媽媽對我說
那裡的每一塊礁石
都是無價寶
再遠
也在媽媽的懷抱

我對媽媽說
我知道有幾條魚
在跳在攪
長大後我會沖進波濤
守護媽媽的珠寶

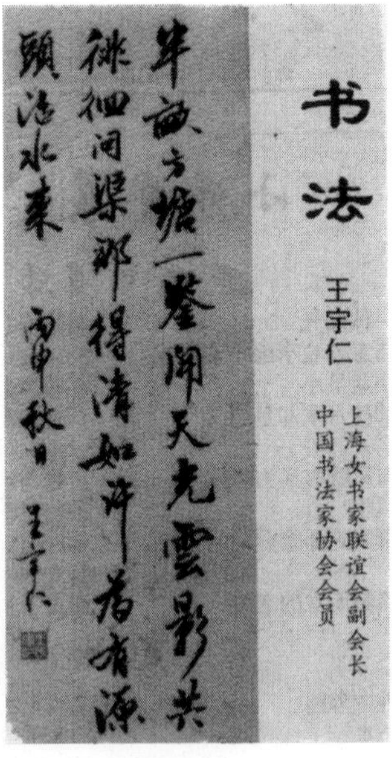

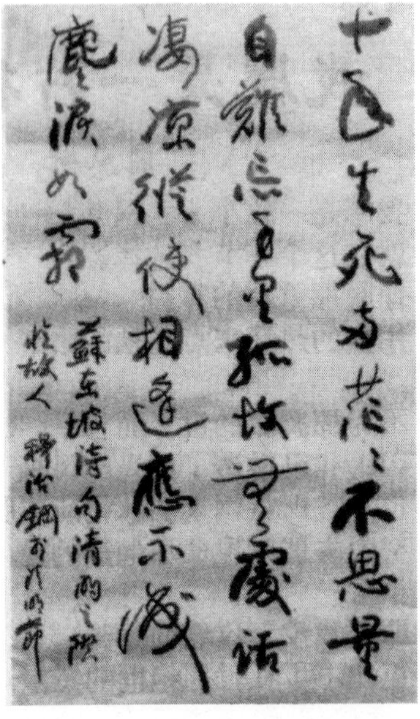

這首詩最高明的詩藝，在創意和親切。初看題目以為只是單純媽媽對兒女說，尤其從一開始就創造出「反差效果」。「**媽媽對我說／她有許多珠寶……**」，這是整首詩重要的伏筆。

往下看，情境立即產生轉變。「灑落在南海……」，原來媽媽另有所指，這媽媽指的是祖國、中國，乃至可以上昇到中華民族都可以。而媽媽的珠寶指的是我國南海諸島。「**再遠／也在媽媽的懷抱**」，有重要意涵，這些島嶼不論多遠都是中國領土，絕不讓人偷盜，別國不能竊佔，自古以來這裡就是中國領土的一部份。

「**我知道有幾條魚／在跳在攪**」。這兩句有深厚意涵，有些小國企圖染指南海小島，如越南、菲律賓等，小魚吃了熊心豹子膽，開始作怪。魚終究只是一條「魚」，中國那天火大了，隨時可以「捕魚」，進而把魚「吃」了！這是詩意裡深藏著「嚴重警告」。

以「媽媽」比喻「祖國」，明示了中華

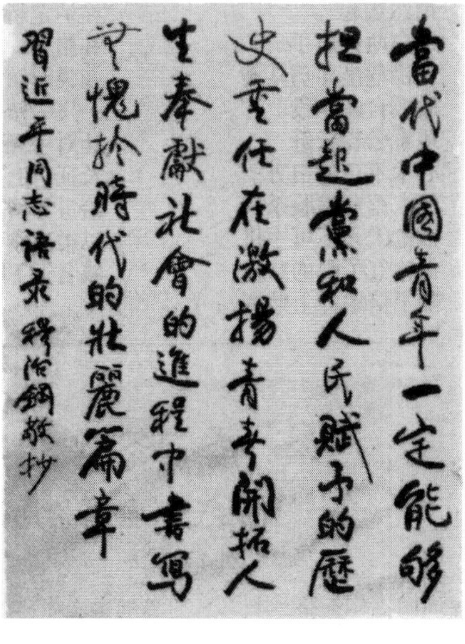
當代中國青年一定能夠
擔當起黨和人民賦予的歷
史重任在激揚青春開拓人
生奉獻社會的進程中書寫
無愧於時代的壯麗篇章
習近平同志語

兒女和祖國之間的血緣關係，這是割不斷的，突顯炎黃子孫的情操。祖國的財寶、祖國的領土，一寸也不能流失，一點也不能脫離。祖國的一切，中華兒女會用生命守護。

賞讀錢國梁的〈窗口月季〉。（註七）

一抹晨光
詩意著狹窄的小巷
小巷雖小
那株月季卻是迷人
有風就有活力
風中
可聞到那縷燃燒的芬芳
倚窗而立的老伯
望望身邊月季
又望望遠處高牆

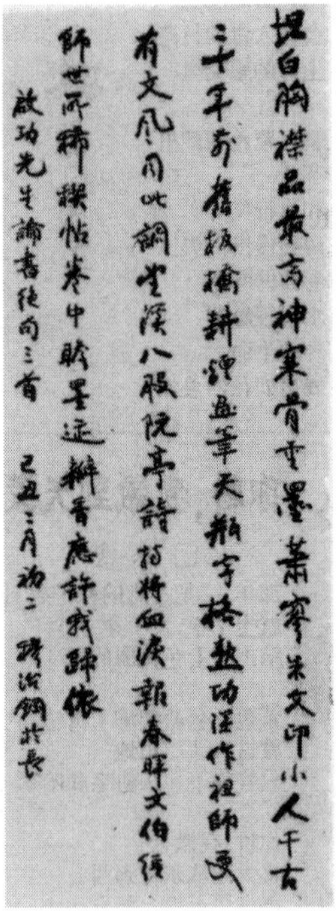

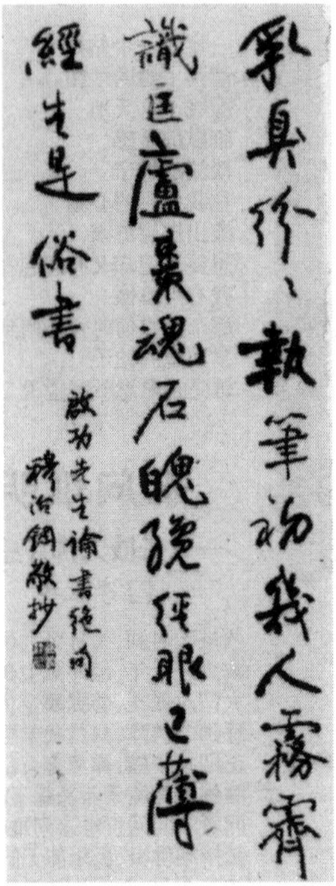

一枚飄落的葉子
向他閃現期冀的光痕
近景與遠景在眼前交疊
他與月季
都在盼望
目光如呼嘯而去的翅翼
翅翼下升騰起詩的風韻

月月紅、月月花、長春花，反正都是玫瑰、薔薇，同一家人，差異就交給植物學家。詩人就只欣賞她的美感，叫她月季，小巷的早晨很寧靜，詩意在其間醞釀，又在窗前有一株月季開花，小巷就芬芳起來。

詩的布局，安排了老伯在窗邊看花，有何特別意涵？通常布局都是美女賞花。「一枚飄落的葉子／向他閃現期冀的光痕……目光如呼嘯而去的翅翼」。葉子飄落是暗示老了，花象徵青春，也暗示「花無百日紅」，很快也老了，花和老人造成景物的反差，

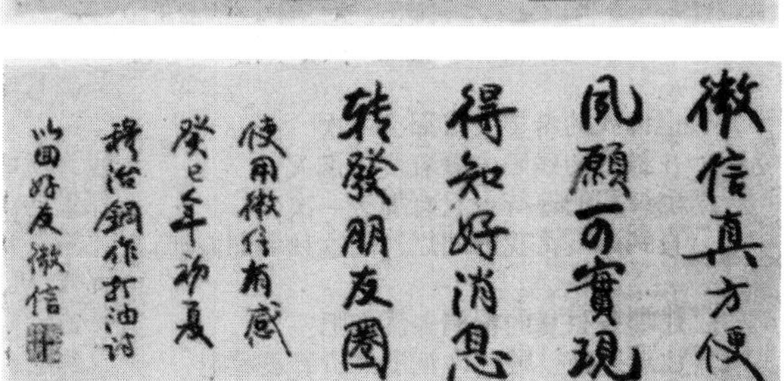

也是光陰的反差。無論青春或老年，「**翅翼下升騰起詩的風韵**」，詩是可以超越光陰的，詩人在任何時候都能發現詩的存在。

　　這期詩刊頭版有一篇費碟的文章，〈城市詩需要神形兼備、精氣合一〉。（註八）讓我想到吾國古代鄉村田園詩，如謝靈運和顏延之的山水詩，陶淵明的田園詩，王維和孟浩然的山水田園詩，其他如邊塞豪放詩如高適、岑參、王昌齡等。就是未聞「城市詩」，是不是現代人都市化的原因，詩人都住在城市裡，寫出來的就叫城市詩？

註釋

一　項美靜，〈曇花〉，《海上詩刊》（上海豫園管理處，二〇一六年八月二十三日），第4期（總第64期），第四版。
二　項美靜，〈曇花〉，《與文字談一場戀愛》（台北：新世紀美學出版社，二〇一六年五月），頁二八。
三　同註二書。
四　閑雲，〈南柯一夢〉，同註一。
五　非墨，〈蒲公英〉，同註一。
六　顏志忠，〈媽媽對我說〉，同註一，第二版。
七　錢國梁，〈窗口月季〉，同註六。
八　費碟，〈城市詩需要神形兼備、精氣合一〉，同註一，第一版。

第十二章　總第67期　關於詩的造境與寫境

費碟的〈詩的造境與烘託〉一文，談的是古今中外詩歌創作方法的問題，理想與寫實一部份。（註一）文章舉了李清照、陸游作品做說明。費碟只談了造境，未談寫境，這是詩歌創作的兩種「相對論」。因此，賞析這期各版作品，就從造境和寫境兩條路徑進入。

造境和寫境的目的（目標、宗旨），都是要創造出情境交融完美的境界，使意境達到真善美，不同的只是方法（手段、策略）。這個道理很像國共百年之爭，國民黨和共產黨的目標宗旨，同樣在救中國，建設中國成為富強、繁榮、統一的現代國家；惟手段不同，共產黨主張用馬恩史列毛的共產主義，國民黨主張用英美式的西方民主政治。但經過幾十年檢驗，從實踐中驗證，這兩條路都不通，並不通往中國的富強繁榮，為什麼？

王國維在談「寫境」和「造境」說：「有造境，有寫境，此理想與寫實二派之所由分。然二者頗難分別。因大詩人所造之境，必合乎自然，所寫之境，亦必鄰於理想之故也。」又說：「自然中之物，互相關係，互相限制。然其寫之於文學及美術中也，必遺其關係、限制之處。故雖寫實家，亦理想家也。又雖如何虛構之境，其材料必求之於自然，亦必從自然之法則。故雖理想家，亦寫實家也。」（註二）可見造境和寫境，不是兩個「極左」和「極右」的極端，二者是有交流、溝通乃至融合，就看詩人如何烘托和布局。如費碟所提，郭沫若〈天上的街市〉應屬造境之作，柯岩〈周總理，你在哪裡？〉應屬寫境之作。

「造境」側重於理想，創造精神心靈世界的理想國，其明顯特徵是主觀虛構的幻境；「寫境」側重於寫實，反映真實世界的實際情況，其明顯特徵是客觀環境的實境。這顯然就碰觸到浪漫主義和現實主義，兩種詩歌文學藝術領域的兩種創作基本方法。

然此二者不能各行極端，互不往來。造境雖寫理想為主，虛構為特徵，但絕不是荒謬之空話，而是要合於自然，合於真實生活的規則，不能脫離生活；寫境雖寫現實人生所經驗，以寫實為特徵，也不是照搬生活的人事時地物記錄，而是按詩人的主觀理想反映現實世界。所以，自然應該就是造境和寫境的「橋梁」，甚或是共同的邏輯，必須共遵之創作大法。

至於何謂自然？歷史上詩論家也頗多闡揚，如司空圖《詩品》之一的〈自然〉品說，「俯拾即是，不取諸鄰。俱道適往，著手成春。如逢花開，如瞻歲新……」。（註三）一首詩是造境還是寫境？是否自然？都涉及詩的品質。如費碟在該文說：「要做到來于生活高于生活……要合乎自然邏輯、思維邏輯和感情邏輯……」。先來賞讀一首寫境之作，王耐〈霾〉。（註四）

霾，擺出陣勢
欲阻擋艷陽高照
霾，一副作派
巴不得攪渾天遙
多少無辜生靈
遭無端浸淫
被其無知覺的蹂躪
埋下禍根病灶

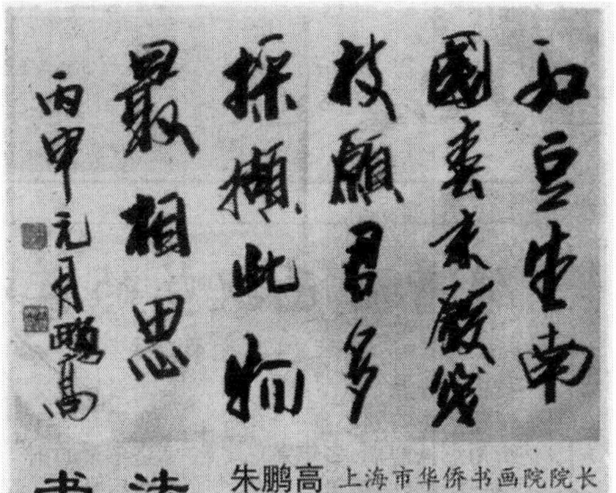

书法　朱鹏高　上海市华侨书画院院长
（海上书画艺术中心提供）

吞咽報應苦果
誰之罪誰之過
回首深省，方知噬臍何及
原來是人類自殘
貪婪地惡造享樂
從而打錯了盤算

解鈴還須繫鈴人
終於迷途知返
唯從頭自我改造
還原亘古的大自然
為了子孫，為了星球
方能造福功德無限

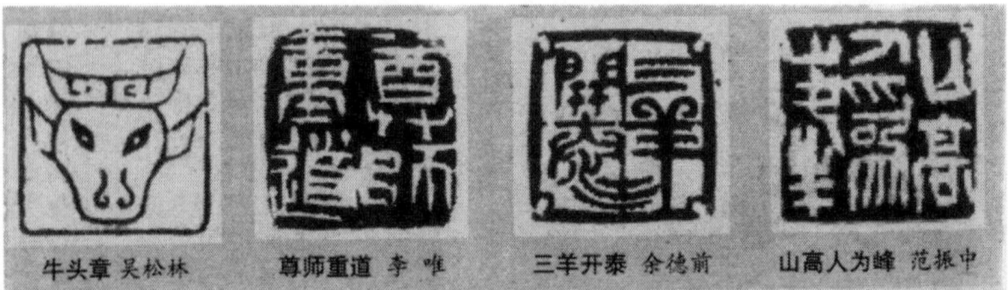

針對現實問題的寫境，算是現在全世界大家很關心的現實問題。霾只是人類貪婪揮霍地球，造成全球氣候鉅變，水土自然環境惡化的千百種災難之一。到目前為止，全球性的氣候水土環境災難持續惡化，人類也尚未有全面省悟，還在助長惡化。因此，科學家已警告「地球第六次大滅」已啟動了，且已成「不可逆」之勢，這很可怕的，人類真是「**吞咽報應苦果／誰之罪誰之過**」。會深入思考根本問題的人極少，似乎大家就坐等地球毀滅、人類滅亡？

聽說（只是聽說），大陸很積極在「治霾」，不知成果如何？但有努力就有成果。雖然地球要毀滅不會使中國獨存，人類要全面滅亡也不會叫中國人獨生，只是中國必須是最後滅亡者。幸好，這種事幾萬年後才會發生，就算會快來了，現代人也全不見了。

這首詩從寫境指出霾害，也透過造境說出詩人理想，「**唯從頭自我改造／還原亘古的大自然**」。理想很美，但一切都來不及了，人類社會文明發展至今分三波，第一波農業文明約一萬年，到工業革命前止；第二波工業革命開始約四百年，到電腦資訊時代前止；電腦資訊時代開啟第三波人類文明。

還原亘古的大自然，人類必須全部留在農業時代。工業革命導向現代化、資本主義、民主政治，這些等同打開人類欲望的「潘朵拉」盒，邁向「地球第六次大滅絕」是必然的「程式」，故不可逆。賞讀錢國梁的造境之作，〈踩著自己飄墜的落葉〉。（註五）

黃昏的小巷
在暮色中勾劃心事
街角那株泡桐，多年來
用一層落葉，掩蓋
另一層落葉
無法掩蓋的是時序的更迭

樹始終保持一個姿態
沉默不言
始終讓樹葉放縱地
攪動歲月的陰晴圓缺

當黃昏點亮臨街的燈光
我看到年年如期而至的
是冬至的雨
然後是三九的雪
狹窄的小巷路面
落滿一年虛虛實實的總結

每雙腳步匆匆忙忙
越走越顯焦灼和迫切
沿著小巷古樸的黃昏
莫可奈何，一步步總踩著
自己飄墜的一張張落葉

從詩題就很造境，「飄墜的落葉」指的是一棵樹，不是一個人，說人「飄墜的落葉」是不通的，違反生

活邏輯，違背現實環境中生命存在的理則。惟在詩的「造境」中可以，因為造境可以在虛構中暗示，可以從冥思理想中做比喻或象徵。

「踩著自己飄墜的落葉」，暗示詩人自己有點年紀了，就像樹葉老了，自然的飄墜到地面，落葉歸根。造境之作即雨靈神思的運動，依然要立基於真實生活的基礎，並非一串夢囈空話。

第一段從詩人生活小巷啟動靈感，心思投射在街角那株泡桐的落葉，多年來四季更迭走過，詩人感慨歲月無情消逝。「**樹始終保持一個姿態……攪動歲月的陰晴圓缺**」，暗示歲月從來不等人，不留情面，不論人是否愛惜光陰，時間歲月一樣要走的。

「**當黃昏點亮臨街的燈光……落滿一年虛虛實實的總結**」。我們只能看著時光一年年的走了，冬至的雨，三九的雪，從不遲到。一年又過了，總結自己這一年做了什麼！有如落滿地虛虛實實的樹葉，說不上來有什麼成就（詩人的謙虛）。眼看著時間越來越少，「**每雙腳步匆匆忙忙／越走越顯焦灼和迫切……**」。每個有些年紀的人的共同感覺吧！就像小巷的黃昏裡，飄墜的一片片落葉。

雖是造境之作，其實也甚為寫實。每個人都到人間走一回，每個有理想的人也一定要有點成就，至少給自己一個交待，但時間有限，尤其人過中年就越感時間的灼焦

和迫切。詩人寫出了人生實相，故即造境又寫境。賞讀費碟的〈海之上〉。（註六）

一抹雲虹凌空遠帆
頓成一片五光十色的夢幻
從霧曉大廈的頂層俯看
燈海、人海、車海……
泛黃、泛紫、泛藍……
那些風一般的光環
帶著醉意坐上了飄飄欲仙的雲船

這個城市的魔方在彌漫
杯中的紅可深可淺
盤中的綠可東可西
而這個海濱城市的兩端
把金碧輝煌的夜光

端上了圓圓而璀璨的上海灘

站在雲端
那遠處的煙囪而今有了溫的敏感
那不息的江濤而今搖曳龍的游船
那忽閃的兩岸正拓寬蜿蜒的斑斕
那無聲的地鐵正穿梭網狀的流線
而今又怎能忘懷
曾有的怒號、辛酸、烽煙
曾有的羞辱、貧困、苦難
……
上海啊，這一款紅綠交織的盛夏
摻和了暈暈的理念萌萌的心願
雲裡霧裡的傳說
夢一般的波瀾

前赴後擁著上海的每一個明天
日新月異著魔都的每一夜景觀
而我那彎彎的歌
在海上飄遠、飄遠
沿浦江之水奔騰著東方人的宣言……

這個世界不論走到那裡！也不管在那一個世代！理想國總是如夢如幻，那麼遙遠！難以感覺到理想世界的存在。而讓我們感覺到的、認知的，似乎就是善惡同體，光明與黑暗同在，繁華的角落總是藏著罪惡。

全球各大都會最鮮明了，繁華必定和罪惡同在，且互助共生共榮，繁華靠著罪惡可以更繁華，罪惡依賴繁華得到掩護並生存發展。上海、東京、曼谷、巴黎、第三世界各大都會……都看到這種共相。五光十色的夢幻，燈海、人海、泛紫、泛藍……「杯中的紅可深可淺／盤中的綠可東可西……」都市的溫柔鄉是繁華的名牌。

只是上海有過慘痛的命運，「曾有的怒號、辛酸、烽煙／曾有的羞辱、貧困、苦難……」。城市就像人生，沒有一輩子都一帆風順、幸福美滿，總會有些困境，東京被轟炸（雖說倭人活該，但人民無辜），巴黎曾淪陷，紐約被賓拉登痛擊（也是活該）。但城市也好！個人也罷！傷痛都必須自己療傷，誰也幫不上忙。

上海應該已經完成療傷期，開始有自己的願景，成為「中國夢」的一部份，也和中國其他都市共繪「中國夢」。「**那不息的江濤而今搖曳龍的游船／那忽閃的兩岸正拓寬蜿蜒的斑斕／那無聲的地鐵正穿梭網狀的流線……沿浦江之水奔騰著東方人的宣言……**」。〈海之上〉一詩，經由「造境技術」提示了上海的過去、現在和未來。上海邁向未來的願景動能，如浦江之水奔騰著。賞讀王巍棟〈如果我走了〉。（註七）

如果……
如果我走了，
請把我埋在山峰的最高處，
讓白雲洗滌我的靈魂。
如果……
如果我走了，

請把我埋在山澗的最低處，
讓山泉沖去我世俗的污垢。

如果……
如果有來世，
我願我的靈魂化作一羽白鴿，
銜著橄欖枝飛翔在藍天下。
如果……
如果有來世，
我願我的肉體化作一只報春鳥，
喚醒所有春天的花朵。

我向這位詩人說，來世是一定有的，因為因緣法是自然法，是因果關係，只是來世是否為人，就看自己今世的表現和願力。今世若是大壞蛋，來世難為人，禽獸等居多，不過古今身為詩人極少為惡，這位王詩人對自己要有信心，有願心願力，願望多可實現。

這首詩造境或寫境？雖屬未來式理想，偏向虛構的幻境。但在他的生活模式中，詩人留下「告別詩」，是他生命理念的一種表達。來世化為一只白鴿、報春鳥，雖是幻境，象徵詩人的慈悲和愛。賞讀朱德平的〈小孃孃〉。（註八）

她唱昆曲，噫噫——呀呀
在自家的客堂間

小時候
我只顧在天井打彈子
呼的一聲
嗚咽的笛聲就愈發地顫

小孃孃已八十多歲了
我去看她

買一袋蝴蝶酥
奶油的香氣
能讓她風韵猶存

她總是念叨
國際飯店現在矮了
像個小八拉子
可蝴蝶酥還是老味道

小孃孃已是獨居老人
她捏著彩繪茶盞
端坐于
自己的腳本

我從小聽大的板腔
噫噫——呀呀，一句不會

平易平常的人生回顧，一位從年輕到老都在唱昆曲的女子，現在成了獨居老人，詩人到底要表達什麼？一開始，詩人小時候在天井打彈子，她在唱昆曲。我猜想，他們可能是鄰居或遠房親戚，詩人帶著蝴蝶酥去看她。

老人獨居、蝴蝶酥的老味道，構成一幅古舊的歲月腳印。詩人和小孃孃的年紀應該差不多，或小一些。詩中帶著淡淡的感傷，八十多年的人生，多麼的漫長歲月，但怎麼好像瞬間就過了！

〈小孃孃〉屬「寫境」之作，透過一個歌唱者表達人生的實際。這其實也是很多人的人生共相，走過一輩子最後成為獨居老人的無奈，即寫實也是現實。

若按造境和寫境的二分法賞析這期各家詩作。屬於「寫境」者，如陳曦浩〈古戲台〉、錢國梁〈鄰家女孩〉、顏志忠〈梔子花白蘭花〉、如玉〈旗袍五線譜〉、西河散人〈鬧元宵〉等，第四版寫民間藝人詩也很寫實。

屬於「造境」之作，如王耐〈始于〉、朱珊珊〈隧道〉和〈高姐〉、洪敏〈夾竹桃〉和〈風眼蓮〉、金月明的〈簫聲咽〉和〈在湖上〉等。

只是我們都是「大人」了，要知道「二分法」是兒童邏輯，把人區分成好人和壞人。實際上這世間，除了純數理領域有二分法，其他是沒有的。所以，用造境和寫境定位一首詩，只是為分析、賞讀上的方便，實際上也沒有那首詩是完全造境或完全寫境，二者必有連接交融的「灰色空間」。

註釋

一 費碟，〈詩的造境與烘托〉，《海上詩刊》（上海豫園管理處，二〇一七年二月二十五日），第七期（總第六十七期），第一版。

二 陳慶輝，《中國詩學》（台北：文史哲出版社，一九九四年十二月），第四章〈詩歌意境論〉，頁一四七。

三 蕭水順，《從鍾嶸詩品到司空詩品》（台北：文史哲出版社，一九九三年二月），上篇，第七章。

四 王耐，〈霾〉，同註一，第二版。

五 錢國梁，〈踩著自己飄墜的落葉〉，同註一，第二版。

六 費碟，〈海之上〉，同註五。

七 王巍棟，〈如果我走了〉，同註一，第三版。

八 朱德平，〈小孃孃〉，同註七。

第十三章　新詩百年　隨機賞讀百年大師經典　總第68期

從郵箱裡取出總第六十八期，第一版金月明這篇〈新詩一百年概述（提綱）〉，很簡略的提示百年來新詩界的大師級詩人及其經典。（註一）該文以一九四九年為界分前後兩部份。

第一部分一九四九年前，按年代分八個時期提出的大師有：(一)胡適是始作俑者，(二)早期白話詩人俞平伯、康白情和沈尹默，(三)二〇年代現代和象徵主義的郭抹若、李金髮，(四)新月派的聞一多、徐志摩、朱湘、孫大雨、饒孟侃，(五)現代派詩人戴望舒、何其芳、卞之琳、廢名、林庚、金克木、李廣田，(六)中國詩歌會派殷夫、蒲風、王亞平、穆木天、楊騷，(七)抗戰時期朱自清、馮至、何其芳、田間等，(八)抗戰後期到國共內戰有袁水拍。

第二部分是一九四九年建國後也分八時期，這段時間因兩岸隔離，訊息不通，絕大多數詩人和作品，筆者聞所未聞。但金月明這篇文章給我一個寫作提示，針對新詩一百年，他所提到的大師級詩人，我手上可以取得的資料，隨機賞析他們的經典。之所以叫「隨機」，是筆者並無完整、充份的資料，只能隨機取得，賞讀幾家代表。

壹、新詩始作俑者胡適和他的經典代表作品

胡適（一八九一——一九六二），字適之。原名胡洪騂，安徽績溪縣人。他的學經歷著作等，因他是兩岸大名頂頂的人物，兩岸學術界無所不知，是故本文不再贅筆介紹，只談他的詩。

詩評家高準認為，胡適的詩，好的很少，大多淡而寡味。（註二）我想這是當然，他是學者學問家，不是詩人，他在新詩壇地位成為不可缺，是因他是「始創者」。再

者，新詩才剛誕生，還是地上爬的嬰兒，寫不好是合理的。何況他的詩集名《嘗試集》，只是開始起步試一試。賞讀〈老鴉〉。（註三）

(一)　我大清早起，
站在人家屋角上啞啞的啼，
人家討嫌我，說我不吉利——
我不能呢呢喃喃討人家的歡喜！

(二)　天寒風緊，無枝可棲，
我整日裡飛迴，整日裡挨飢——
我不能替人家帶著鞘兒翁翁央央的飛，
也不能叫人家繫在竹竿頭，賺一撮黃小米

在原詩題下有一段文字，是題解說明：「六年十二月一日，重讀伊伯生之《國民公敵》劇本，欲作一詩題之，是夜夢中作一詩，醒後乃並其題而忘之，出門見空中鴿，始憶夢中詩為〈詠鴉與鴿〉，然終不能舉其詞。因為補作，成二章。」

此詩作於一九一七年十二月，發表在次年二月《新青年》第四卷二期上。題解指明是讀伊伯生《國民公敵》劇本後而作。伊伯生（後來常用譯名是易卜生，**Henrik Ibsen,1828-1906**），十九世紀挪威著名戲劇家，作品有強烈的反抗性格，主張人要從個性解放。

〈老鴉〉一詩，風格簡約清朗，形象鮮明而耐人尋味，以剛才誕生的條件和環境，被認為是他的作品中有代表性的詩。一九一六年九月六日的〈他〉，也是後人不忘的小品。

你心裡愛他，莫說不愛他。
要看你愛他，且等人害他。
倘有人害他，你如何對他？
倘有人愛他，更如何待他？

這「他」是誰？不看註也一頭霧水，在胡適原詩有註解，這個他乃「祖國」也，便清楚明白了。是一首很有創意的新詩，近似民歌，中國歷史上的新興詩體，都從民歌發展出來，但胡適自認為這還不算新詩。

貳、現代主義郭沫若和他的經典代表作品

郭沫若（一八九二——一九七八），四川樂山縣人，但他祖籍本是福建省汀州府寧化縣。他也是個學問家，著作很多，代表作品也不少，但他一生「忽右忽左」，始終向最有權力的地方靠攏。他曾任〈副總理〉、〈中國社科院院長〉、〈文聯主席〉，中國歷史上的詩人大概他官位最高，享盡榮華富貴。

郭沫若有詩集《女神》等十四部，又有劇本《王昭君》等十一部，譯有歌德《少年維特的煩惱》和《浮士德》多種。他的代表作亦多，台灣詩評家高準選他的〈創造者〉為代表。（註四）

海上起著漣漪，
天無一點纖雲，
初昇的旭日，
照入我的詩心。

秋風吹，
吹著庭前的月桂。
枝枝搖曳，
好像在向我笑微微。
吹，吹，秋風！
揮，揮，我的筆鋒！
我知道神會到了，
我要努力創造。

我喚起周代的雅伯，
我喚起楚國的騷豪，
我喚起唐世的詩宗，
我喚起元室的詞曹，
作「吠陀」的印度古詩人喲！
作「神曲」的但丁喲！

作「失樂園」的米爾頓喲！
作「浮士德悲劇」的歌德喲！
你們知道創造者的孤高，
你們知道創造者的苦惱，
你們知道創造者的狂歡，
你們知道創造者的光耀。
昆侖的積雪北海的冰濤；
火山之將噴裂宇宙之將狂飈；
如醉夢如醉陶，
神在太極之先飄搖。
偉大的曦星喲！
你們是永不磨滅的太陽，
永遠高照著時間的大海，
人文史中除卻了你們的光明，
有什麼存在的價值存在？

我幻想著首出的人神，
我幻想著開天闢地的盤古。
他是創造的精神，
他是產生的痛苦。
你聽，他聲如豐隆，
你聽，他吁氣成風，
你看，他眼如閃電，
你看，他泣成流瀧。
本體就是他，上帝就是他，
他在無極之先，
他在感官之外，
他從他的自身，
創造個光明的世界。

目成日月，

頭成泰岱。
毛髮成草木，
脂膏成江海，
快哉，快哉，快哉，
無明的渾沌，
突然現出光來。
月桂喲你在為誰搖擺！

嬰兒呱呱墜地了，
盆在那兒？
湯在那兒？
淋漓的血液，
染成一片胭脂。
紅的瑪瑙喲！
血的結晶喲！

風在賀歌，鳥在賀歌，
白雲湧來朝賀。
滾滾不盡的雲流喲，
把青瑩無際的青天流遍了！
產生你的是誰？我早知道。
窗外飄搖的美人蕉！
你那火一樣的，血一樣的，
生花的彩筆喲，
請借與我草此「創造者」的讚歌，
我要高讚這最初的嬰兒，
我要高讚這開闢鴻荒的大我。

原載《創造季刊》一卷一期

一九二一年十月八日

這是一首「造境」成份極高的作品，充滿熱情、真誠、創造動量的高溫，只有年輕詩人才有的創造火力。寫這首詩時，郭沫若大約不到三十歲，全詩內涵、意象，可以說是中華民族版的「創世紀」。

這首〈創造者〉，原是《創造季刊》的創刊號序詩，寫於一九二一年十月，次年八月刊出。此詩氣勢磅礴，形象豐富，意象突出而鮮明，光照燦爛，音韻堅實有力，立意正義，突顯中華民族文明文化的創造性。在郭沫若的作品中，這首算是有史詩高度的作品。

〈創造者〉自創造以來，已歷近一百年了，經過這一百年的無數讀者、詩評家，主要是「時間判官」的檢驗，仍能「存活」，且似乎活的旺盛。這就證明了一件事〈創造者〉是可以經得起時代、歷史的考驗，成功的邁向「經典」之路。

參、象徵主義李金髮和他的經典代表作品

李金髮（一九〇一——一九七六），本名李金發，又名遇安，也名淑良，廣東梅縣人。一九一九年赴法國留學，研習雕塑。同行者有郎靜山、張道藩等六十七位青年留

學生，在法國一九二〇年開始寫詩，受象徵派詩影響較深，他的作品被認為是中國新詩象徵主義代表。

李金髮年輕時代就出版三本詩集，《微雨》（一九二五年）、《為幸福而歌》（一九二六年）、《食客與凶年》（一九二七年）。此後有發表一些詩，但沒有再出版詩集。

他一九二五年六月回國，一九二八年出任南京市立美術學院校長。一九四四年任駐伊朗大使館秘書，一九四六年任駐伊拉克代辦，此後未回國，定居在美國，他對自己的作品不認為有什麼成就。一九七六年十二月二十二日，在紐約寓所去世。賞讀他的代表作品，〈心願〉。（註五）

我願你的掌心
變了船兒，
使我遍遊名勝與遠海
迨你臂膀稍曲，
我又在你的心房裡。

我願在你眼裡

找尋詩人情愛的捨棄，
長林中狂風的微笑，
夕陽與晚霞掩映的色彩。
輕清之夜氣，
帶到秋蟲的鳴聲，
但你給我的只有眼淚。

我願你的毛髮化作玉蘭之蜂，
我長傍花片安睡，
遊蜂來時平和地唱我的夢；
在青銅的酒杯裡，
長印我們的唇影，
但青春的歡愛，
勿如昏醉一樣銷散。

約作於一九二六年，收在《食客與凶年》詩集。

象徵主義（Symbolism），是十九世紀後期法國興起的一種文學流派，是對現實主義一種浪漫的反動。各種「象徵」都缺乏清楚的邏輯關係，經驗不清不楚，不明不白，意象刻意斷裂，李金髮的詩承接了這種觀點和方法。像這樣西化詩句，刻意製造「不通、不順」的行文，詩評家也直指要害，謂中文程度太差。

李金髮在《食客與凶年》詩集的〈自跋〉有所辯解，指稱是為了「調和中西」，可惜調和的不太成功。至少他曾是詩壇上一種流派的代表人物，所謂百花齊放，有些花或許不怎樣，也是代表一個物種開花了！

〈心願〉一詩，是《食客與凶年》詩集內一首，約作於一九二六年，是李詩較通順的一首，詩中略有神秘和頹廢氣氛。但詩的核心宗旨是什麼？象徵什麼？恐怕就只有每一個讀者去自由心證了。

肆、新月派代表詩人徐志摩和他的經典作品

說起近百年來，新詩壇的「情詩第一把手」徐志摩，在台灣詩壇上，大放異彩，

粉絲最多，作品長期流行不衰，就屬徐大詩人。這應該和他轟轟烈烈的愛情故事有關，以有婦之夫公然狂追有夫之婦陸小曼，就是在現代社會，也一定會「轟動武林，驚動萬教」。

這樣瘋狂的愛必和人生觀有關，他的人生只有愛情，愛情是他的宗教，他的一切，人生成敗僅從愛情測量，愛情的成敗等同人生的成敗。他在〈致梁實秋的信〉中說，「我們靠著活命是愛情、敬仰心和希望。」胡適在〈追悼志摩〉一文說，「他的一生是愛的象徵。愛是他的宗教，他的上帝。」而徐志摩在《愛眉小札》裡，更瘋狂的這樣說：（註六）

戀愛是生命的中心與精華；戀愛的成功是生命的成功，戀愛的失敗，是生命的失敗，這是不容疑義的。

看來沒談過戀愛的人這輩子全白活了，而談戀愛失敗的人，其他方面就算有成也仍是人生的失敗。這真是很瘋狂的論調，但世間是很弔詭的，看看全世界和過去歷史，凡是想要「偉大」必須先「瘋狂」，沒有瘋狂投入一事，難以成大功立大業。讀者可以觀察證實，那些平凡平淡過日子，老實做事，遵守四維八德，有幾個「偉大」的起來？恐怕只剩佛陀、耶穌、孔子等幾人了！

徐志摩就是集中一切，瘋狂「注入」愛情（有些像兵法上的不對稱戰），必然可以獲取強大「戰果」，得到他心目中所要情人陸小曼。追求過程因 **Libido**（慾望、性慾、生命力）發揮到極限，創作的情詩必然就是「愛的極限」，因而成為百年來詩壇流行最久的經典。他的情詩經典頗多，僅介紹〈這是一個懦怯的世界〉。（註七）

這是一個懦怯的世界
容不得戀愛，容不得戀愛！
披散你的滿頭髮，
赤露你的一雙腳，
跟著我來，我的戀愛，
拋棄這個世界
殉我們的戀愛！

我拉著你的手，
愛，你跟著我走：
聽憑荊棘把我們的腳心赤透，
聽憑冰雹劈破我們的頭，
你跟著我走，
我拉著你的手，
逃出了牢籠，恢復我們的自由！

跟著我來，
我的戀愛！
人間已經掉落在我們的後背——
看呀，這不是白茫茫的大海？
白茫茫的大海，
白茫茫的大海，
無邊的自由，我與你戀愛！

順著我的指頭看，
那天邊一小星的藍——
那是一座島，島上有青草，
鮮花，美麗的走獸與飛鳥；
快上這輕快的小艇，
去到那理想的天庭——
戀愛，歡欣，自由——辭別了人間，永遠！

這首詩確實超越了對詩的平凡兩項要求，共鳴度和感染力，而有「咒語」的魔力，可以「愛情神咒」名之。也就是用這樣的「戰具」可以「征服」任何女子，可以使任何女子「動情」，讓她接受你的愛，與你一同「私奔」到一個「愛情理想國」。這樣的詩就具備了普遍性價值，所謂「普遍性」，是指可以感動任何女子，而不僅單純對某人有用！這是詩成為「經典」的條件。

但這種經典是要很高代價的，「拋棄這個世界／殉我們的戀愛……聽憑冰雹劈破我們的頭」。這要多大決心？多少犧牲？何況去到那理想的天庭有什麼呢？白茫茫的大海，海中有小島，島上有青草和飛鳥……

伍、現代派詩人何其芳和他的經典代表作品

何其芳（一九一二－一九七七），四川萬縣人。一九二八年到上海讀高中，次年開始寫詩，一九三一年考入北京大學哲學系。一九三六年與李廣田、卞之琳合出詩集《漢園集》，其中他的部份稱《燕泥集》。

抗戰起他回四川任教成都中學，不久赴延安任教「魯迅藝術學院」，後再任文學系主任。勝利後曾任重慶《新華日報》副社長，並出版詩集《夜歌》和《預言》。一九四九年後曾任不錯的官位，一九五二年出版詩集《夜歌與白天的歌》，此後少寫詩，也未再出版詩集。賞讀他的代表作〈預言〉。（註八）

這一個心跳的日子終於來臨！

呵，你夜的嘆息似的漸近的足音，
我聽得清不是林葉和夜風的私語，
麋鹿馳過苔徑的細碎的蹄聲！
告訴我，用你銀鈴的歌聲告訴我，
你是不是預言中的年輕的神？

你一定來自溫郁的南方！
告訴我那兒的月色，那兒的日光！
告訴我春風是怎樣吹開百花，
燕子是怎樣癡戀著綠楊！
我將合眼睡在你如夢的歌聲裡，
那溫暖我似乎記得以似乎遺忘。

請停下，停下你長途的奔波，
進來，這兒有虎皮的褥你坐！

讓我燒起每一秋天拾來的落葉，
聽我低低唱起我自己的歌！
那歌聲將火光樣沉鬱又高揚，
火光樣將落葉的一生訴說。

不要前行！前面是無邊的森林；
古老的樹現著野獸身上的斑文，
半生半死的籐蟒蛇樣交纏著，
密葉裡漏不下一顆星。
你將怯怯地不敢放下第二步，
當你聽見了第一步空寥的回聲。

一定要走嗎？請等我和你同行！
我的足知道每條平安的路徑，
我將不停地唱著忘倦的歌，

再給你，再給你手的溫存！
當夜的濃黑遮斷了我們，
你可不轉眼地望著我的眼睛！

我激動的歌聲你竟不聽，
你的足竟不為我的顫抖暫停！
像靜穆的微風飄過這黃昏裡，
消失了，消失了你驕傲的足音！
呵，你終於如預言中所說的無語而來，
無語而去了嗎，年輕的神？

一九三一年秋

何其芳早期的作品，受到現代派和新月派影響。他在北大讀書時，參加朱光潛（美學家、文藝理論家）家裡的讀詩會，當時參加該會有朱自清、俞平伯、梁宗岱、馮至、孫大雨、周作人、葉公超、廢名、卞之琳、何其芳、李健吾、林庚、曹葆華、林徽音等。可謂各家能人，集一時之盛，在這樣環境熏陶，詩自然是不凡。

〈預言〉一詩是他十九歲時作品，後來他的詩集也以《預言》做書名，可見他視此詩為得意之作。這首詩意象豐富華美，情意濃厚，創造出一個夢境般的美景，給人餘音繞樑許久的回味。

陸、六〇年代新詩繁榮期代表賀敬之和他的經典作品

賀敬之，一九二四年生，山東嶧縣人，出生在貧農家庭，童年靠親戚幫助在私立小學讀書。十三歲考入滋陽縣的鄉村師範學校，不久抗戰爆發流亡到湖北，入湖北國立中學。一九四〇年到延安入「魯藝」文學系，一九四五年他參加大型歌劇《白毛女》創作，他是主要執筆人，一舉成名。此後他一路順風，一九七八年當上了文化部副部長，到一九八二年國務院改組為止。

他出版過的詩集有《鄉村的夜》、《朝陽花開》、《放歌集》。台灣詩壇對一九四九

年後的大陸詩人，因資料嚴重欠缺，對他生卒諸事所知不多。賞讀他的經典之作，〈三門峽——梳妝台〉。（註九）

望三門，三門開：
「黃河之水天上來！」
神門險，鬼門窄，
人門以上百丈崖。
黃水劈門千聲雷，
狂風萬里走東海。

望三門，三門開：
黃河東去不回來。
崑崙山高邙山矮，
禹王馬蹄上青苔。
馬去門開不見家，

門旁空留「梳妝台」。

梳妝台呵，千萬載，
梳妝台上何人在？
烏雲遮明鏡，
黃水吞金釵
但見那：輩輩艄工灑淚去，
卻不見：黃河女兒梳妝來。

梳妝來呵，梳妝來！
——黃河女兒頭髮白。
挽斷「白髮三千丈」。
愁殺黃河黃年災！
登三門，向東海：
問我青春何時來？！

何時來呵，何時來？
——盤古生我新一代！
舉紅旗，天地開，
史書萬卷腳下踩。
大筆大字寫新篇：
社會主義——我們來！

我們來呵，我們來，
崑崙山驚邙山呆：
展我治黃萬里圖，
先扎黃河腰中帶——
神門平，鬼門削，
人門三聲化塵埃！

望三門，門不在，
明日要看水閘開。
責令李白改詩句：
「黃河之水『手中』來！」
銀河星光落天下，
清水清風走東海。

走東海，去又來，
討回黃河萬年債！
黃河女兒容顏改，
為你重整梳妝台。
青天懸明鏡，
湖水映光彩——
黃河女兒梳妝來！

梳妝來呵，梳妝來！
百花任你採，
萬里錦銹任你裁！
三門閘工正年少，
幸福閘門為你開。
並肩挽手唱高歌呵，
無限青春向未來！

選自《放歌集》，一九五八年三月

原詩有註解說明，三門峽下不遠，有巨岩，如梳妝台狀，故名「梳妝台」。三門之一的「鬼門」岩上，有石坑，狀如馬蹄印，相傳為大禹躍馬遺跡。

黃河三門峽水壩工程於一九五八年興建，這首詩頌揚偉大的工程。雖然這個大工程最後證明錯誤，完工不久功能盡失，俄國顧問的設計可能故意要整中國人。但就詩論，氣壯山河，全詩氣勢磅礴，極有感染力和律動感，寫出三門峽驚險的自然景觀。責令李白改詩句，黃河之水「手上」來，也是豪情萬丈，建設過程的雄偉場面，以及對未來美景的展望。這首詩溶會民族傳統風格，給新詩有新風格，只可惜三門峽水壩的失敗，讓這首詩成了「美麗的空話」。

金月明在〈新詩一百年概述〉一文，還提到不少有代表性的詩人，資料欠缺故難以多介紹。本章所述各家及其生平、作品等，談不上評論，說些心得與大家分享。

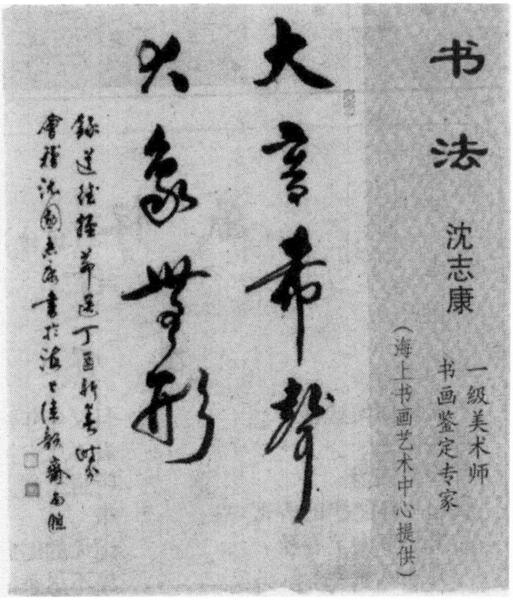

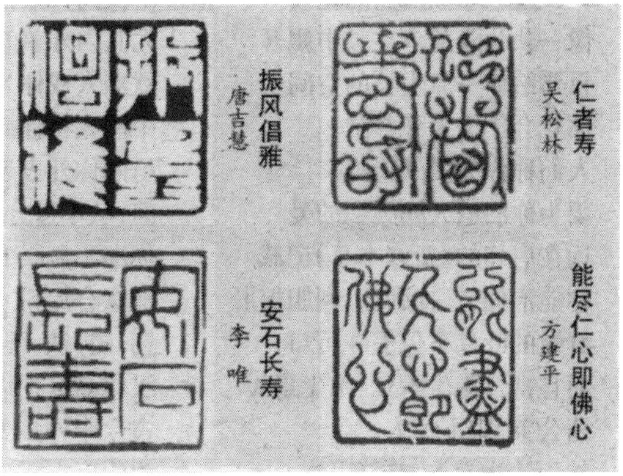

註釋

一　金月明，〈新詩一百年概述（提綱）〉，《海上詩刊》（上海豫園管理處，二〇一七年四月二十五日），第八期（總第六十八期），第一版。

二　高準，《中國大陸新詩評析》（一九一六—一九七九）（台北：文史哲出版社，一九八八年九月），頁四四—五二。

三　胡適，〈老鴉〉，同註二，頁四七。

四　郭沫若，〈創造者〉，同註二，頁六七—七一。

五　李金髮，〈心願〉，同註二，頁一三九—一四三。

六　金尚浩，《中國早期三大新詩人研究》（台北：文史哲出版社，民國八十九年七月），頁二一七。

七　劉思源編，《我是天空裡的一片雲：徐志摩詩選》（台北：格林文化事業股份有限公司，二〇〇〇年六月），頁三五—三六。

八　何其芳，〈預言〉，同註二，頁一六〇—一六五。

九　賀敬之，〈三門峽—梳妝台〉，同註二，頁三七四—三八〇。

附錄一 《海上詩刊》各期豫園景觀圖照

豫园一景 鱼乐榭

豫园一景 秋光初霁

豫园一景 2015.6期 三穗堂

豫园一景 听涛阁与上海中心

豫园一景 玉玲珑

豫园一景 庭院春晖

豫园一景 积玉长廊

豫园一景 峰廻路转

豫园一景 古戏台

豫园一景 中心湖区

豫园猴年灯会

豫园一景 万花楼

豫园一景 渐入佳境

豫园一景 萃秀堂

豫园一景 2015,5期 卷雨楼

2017
11
期
豫园一景

2015.5期
豫园一景 快楼秋意

2016
2期
豫园一景 美人腰

2016 豫园一景 6期 望江亭

豫园一景 古戏台
2015. 2期

附錄二 《海上詩刊》各期書法金石作品剪輯

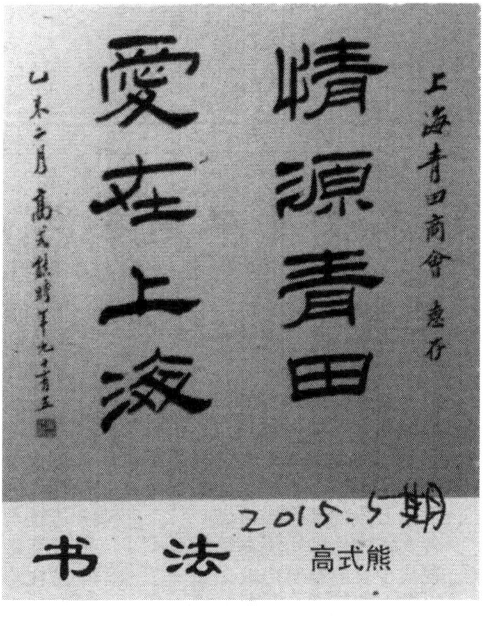

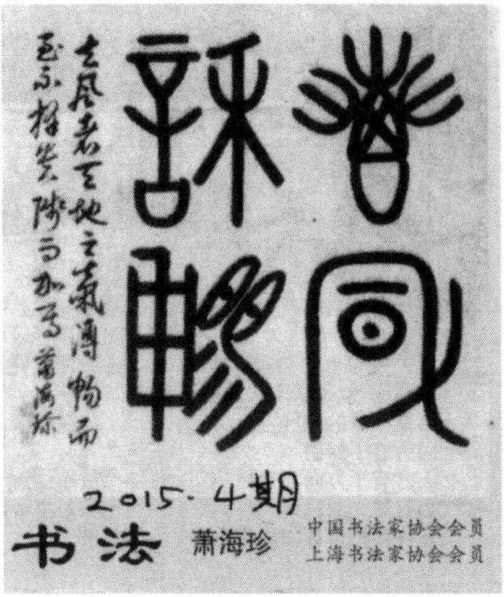
2015.4期
书法
萧海珍
中国书法家协会会员
上海书法家协会会员

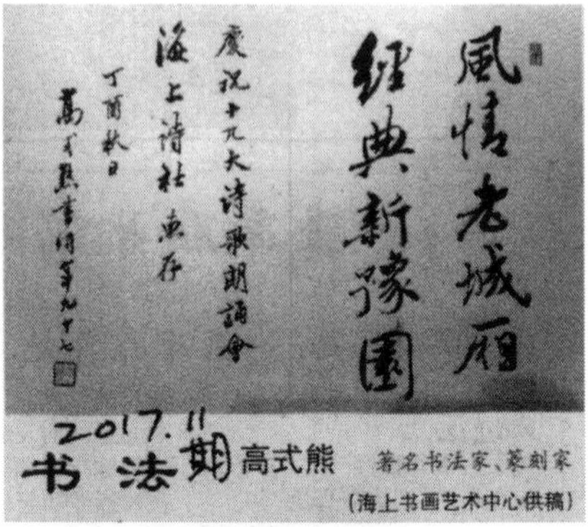
風情老城厢
經典新豫園
2017.11期
书法
高式熊
著名书法家、篆刻家
（海上书画艺术中心供稿）

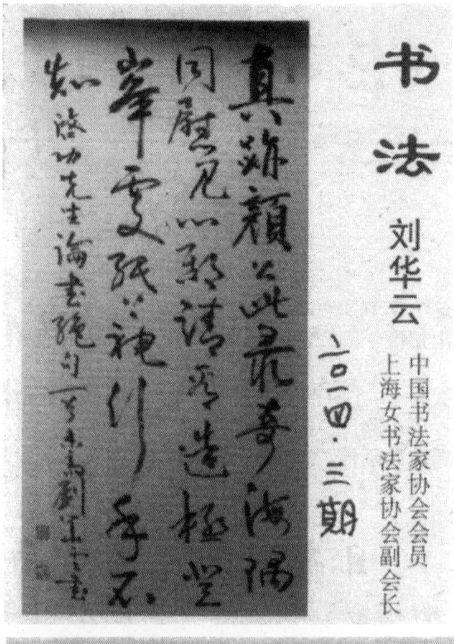
书法
刘华云
二〇一四·三期
中国书法家协会会员
上海女书法家协会副会长

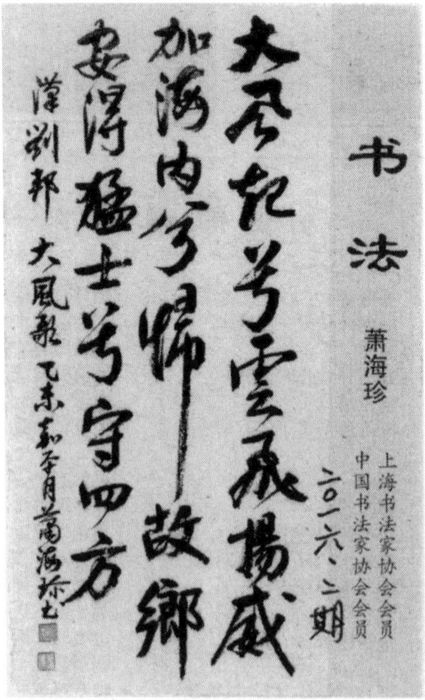
大風起兮雲飛揚
威加海內兮歸故鄉
安得猛士兮守四方
书法
萧海珍
二〇一六、二期
上海书法家协会会员
中国书法家协会会员

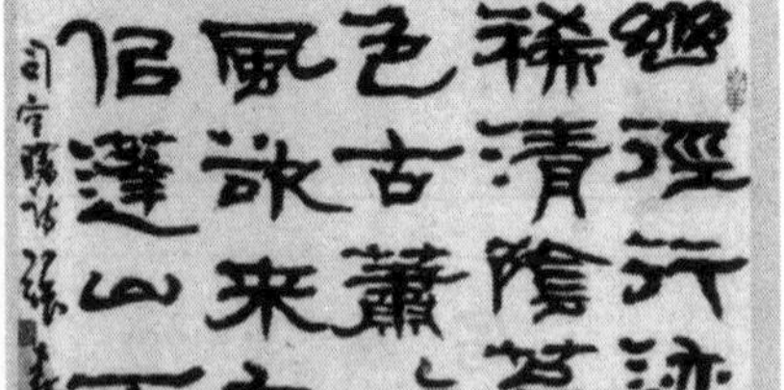
2016.5期
书法
张森
著名书法家
（海上书画艺术中心提供）

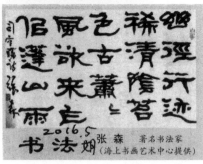

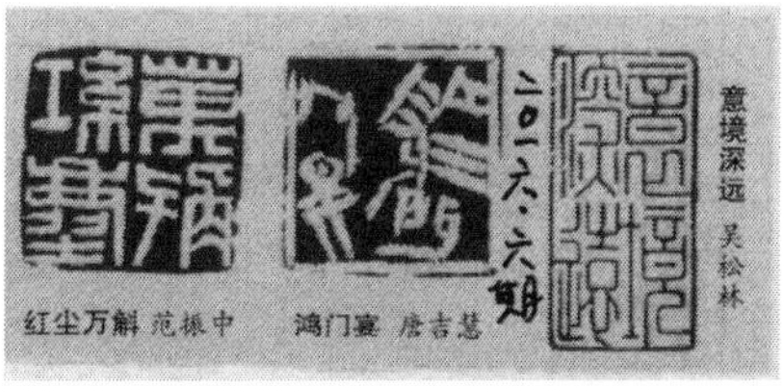
红尘万斛 范振中
鸿门宴 唐吉慧
意境深远 吴松林
二〇一六·六期

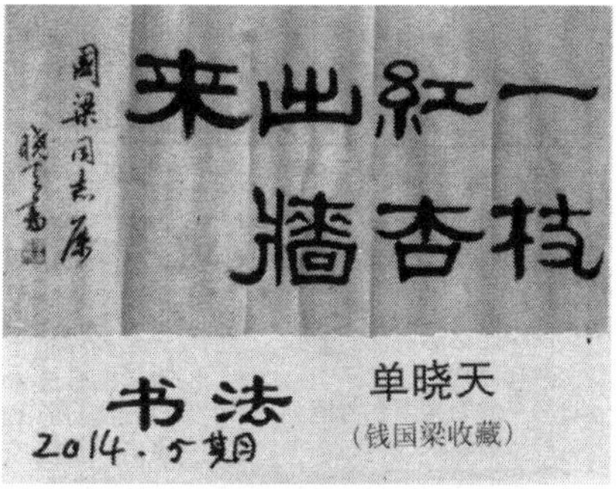
书法
单晓天
（钱国梁收藏）
2014.5期

青上阁 吴松林
曲高和寡 范振中
怡福养性 余德前
二〇一六·五期

2016.6期
▲悟则灵 王廷林

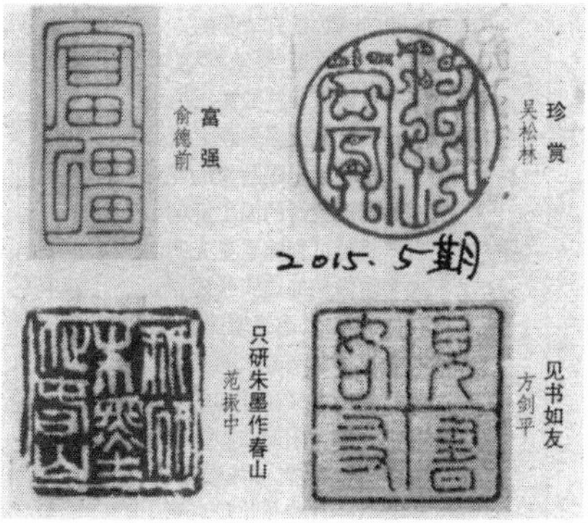
富强
俞德前
珍赏
吴松林
2015.5期
只研朱墨作春山
范振中
见书如友
方剑平

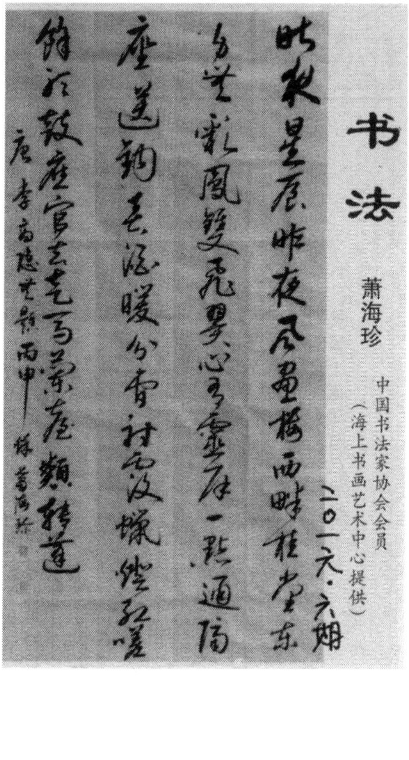
书法
萧海珍
中国书法家协会会员
（海上书画艺术中心提供）
二〇一六·六期

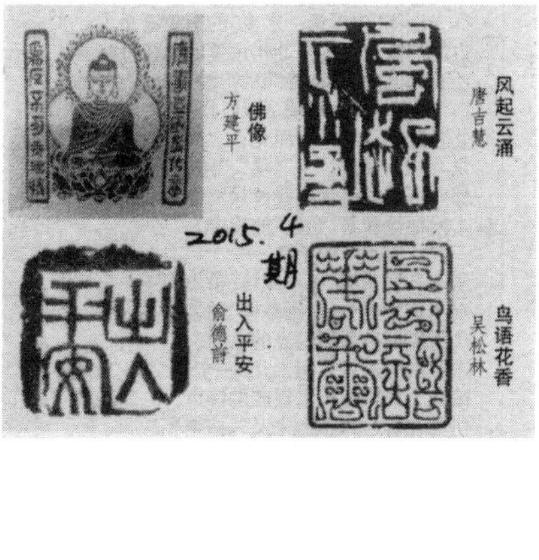
佛像
方建平
风起云涌
唐吉慧
2015.4期
出入平安
俞德前
鸟语花香
吴松林

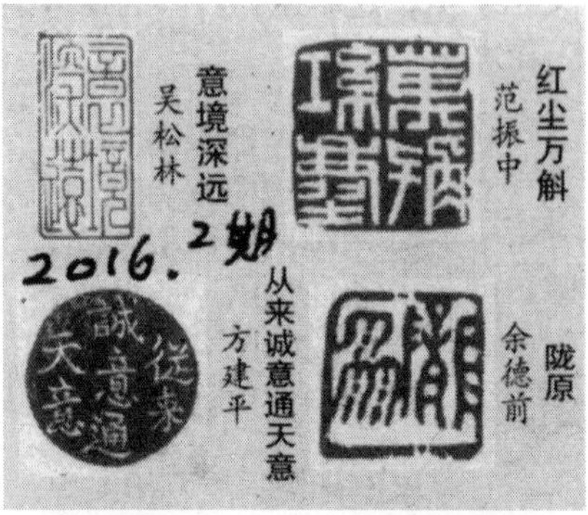
红尘万斛
范振中
意境深远
吴松林
2016.2期
从来诚意通天意
方建平
陇原
余德前

2017
11期
祖国万岁 范振中
艺无止境
吴松林
含枚疾行 郑小雲

展石轩
吴松林
厚德載福
俞德前
取之有道
唐吉慧
六十方知书味香
方建平(剑平)
2014.3期

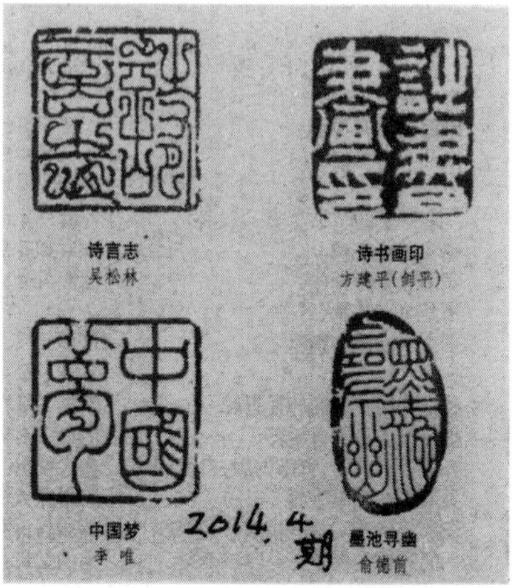
诗言志
吴松林
诗书画印
方建平(剑平)
中国梦
李唯
2014.4期
墨池寻幽
俞德前

顺天则昌
吴松林
2014.5期
推陈出新
余德前

附錄三 《海上詩刊》各期詩人活動剪影

6月7日，应青浦区作家协会邀请，我诗社朱珊珊、费碟、金月明、颜志忠赴青浦朱家角参观革命老干部王莲芬书画展，而后参加了王莲芬书画研讨会，及由青浦区作协编写的《情满枇杷园》新书发行仪式，并与市作协领导褚水敖、杨秀丽、青浦区作协主席凌耕等合影留念。

2014. 3期

《诗意的拐杖——周永林诗文集》研讨会现场

2014、4期

海上诗社部分成员在奉贤海湾度假村合影留恋。

在田笙曲会成立二十周年庆典会上，金月明与著名国画大师、曲会会长戴敦邦夫妇、曲友刘昌申合影留念。

4月1日顾村诗歌协会举办《2015年樱花诗会》，10余家上海民间诗歌团体参加了会议。我诗社金月明、费碟应邀参加。会后，与会代表游览了顾村公园，并在灿漫的樱花下合影留念。2015·2期

11月29日，我诗社成员瞻仰了小桃园清真寺，并参观了伊斯兰文化陈列室，听取该寺阿訇的详细讲解。

吴松林与著名书画家李小可合影。（李可染之子）

2014年10月16日，顾村诗歌协会召开2014年年会暨“上海市民间诗歌的现状与发展”研讨会，我诗社秘书长金月明参加会议。2014.5期

吴松林与石雕艺术家徐永泽

黄浦区明复图书馆于4月22日举办“海上歌吟”诗歌比赛启动仪式。海上诗社部分成员应邀参加并合影留念。2015·3期

上海警备区原副司令员相守荣将军为青上阁艺苑题词，并与吴松林合影留念

诗社成员朱毅文与中国作协副主席叶辛合影留念

诗社成员颜志忠与老诗人王森、王成荣合影留念

图为2016年迎春品茶诗会评委姜玉峰、杨斌华、陆新瑾与海上诗社成员合影。

上海将军笔会成员李金文将军为青上阁艺苑题词，并与吴松林合影留念。2016.1期

吴松林与著名学者余秋雨

2016年12月21日，“海上诗社”朱珊珊的作品《重温莎士比亚十四行诗》荣获市民文化节黄浦区明复图书馆征文一等奖。2017.7期

6月20日，我诗社作为黄浦区的民间社团参加了“顾村诗社”民间社团自主发展基地跨区孵化签约仪式，该活动主旨是整合社会各种力量，共同打造充满“正能量”的民间社团。

6月25日，我诗社汇同上海城市诗人社、长衫诗人社共同举办“关于短诗的现状和创作”的研讨会。与会诗人就短诗问题展开热烈讨论，取得良好效果。2016.4期

上海警备区原副司令员张先汉将军为青上闲艺苑题词，并与吴松林合影留念。

4月22日下午，“墨彩飞扬——罗秋昭、杨玉如书画联展”在豫园听涛阁隆重开幕。上海政协原副主席石四箴、上海台盟常务理事江国强、著名国画大师戴敦邦、书法家张森、豫园管理处主任臧岭等领导和百余名嘉宾参加了开幕式。台籍女画家罗秋昭生于广东省蕉岭县，其祖父乃台湾抗日英雄罗福星烈士。其画风以写意为主，重视笔墨情趣。台籍书法家杨玉如精研书艺，篆隶行草皆运用自如。两位女台胞的作品展示了中华文化的艺术魅力。2017 8期

图为豫园管理处主任臧岭在开幕式上致辞。

在老西门端午诗会结束后，海上诗社部分成员与主办方合影留念。2016.3期

3月4日，海上诗社部分社员在钱国梁、朱珊珊率领下赴老西门街道采风，在文庙参观时合影留念。

著名书法、篆刻家高式熊欣然为豫园街道和海上诗社主办的"喜迎十九大诗歌朗诵会"题词，左为我诗社常务理事吴松林。

2017.11期

4月12日，海上诗社赴临港新城采风。诗友们参观了上海电气核电集团的制造基地，亲眼目睹了核电基地的远景规划和工程人员的辛勤劳动。

我海上诗社成员、海上书画艺术中心画家孔海生应日本书画界邀请，参加中日民间书画交流活动，并参与展览。

我诗社社长钱国梁和诗人费碟参加2015年第九届诗乡顾村年会暨民族诗歌创作朗诵赛，并合影留念。

陳福成著作全編總目

壹、兩岸關係

決戰閏八月
防衛大台灣
解開兩岸十大弔詭
大陸政策與兩岸關係

貳、國家安全

國家安全與情治機關的弔詭
國家安全與戰略關係
國家安全論壇。

參、中國學四部曲

中國歷代戰爭新詮
中國近代黨派發展研究新詮
中國政治思想新詮
中國四大兵法家新詮：孫子、吳起、孫臏、孔明

肆、歷史、人類、文化、宗教、會黨

神劍與屠刀
中國神譜
天帝教的中華文化意涵
奴婢妾匪到革命家之路：復興廣播電台謝雪紅訪講錄
洪門、青幫與哥老會研究

伍、詩〈現代詩、傳統詩〉、文學

幻夢花開一江山
赤縣行腳．神州心旅
「外公」與「外婆」的詩
尋找一座山
春秋記實
性情世界
春秋詩選
八方風雲性情世界
古晟的誕生
把腳印典藏在雲端
從魯迅文學醫人魂救國魂說起
六十後詩雜記詩集

陸、現代詩（詩人、詩社）研究

三月詩會研究
我們的春秋大業：三月詩會二十年別集
中國當代平民詩人王學忠
讀詩稗記
嚴謹與浪漫之間
一信詩學研究：解剖一隻九頭詩鵠
囚徒
胡爾泰現代詩臆說
王學忠籲天詩錄

柒、春秋典型人物研究、遊記

山西芮城劉焦智「鳳梅人」報研究
在「鳳梅人」小橋上
我所知道的孫大公

為中華民族的生存發展進百書疏
金秋六人行
漸凍勇士陳宏

捌、小說、翻譯小說

迷情・奇謀・輪迴、
愛倫坡恐怖推理小說

玖、散文、論文、雜記、詩遊記、人生小品

一個軍校生的台大閒情
古道・秋風・瘦筆
頓悟學習
春秋正義
公主與王子的夢幻、
洄游的鮭魚
男人和女人的情話真話
台灣邊陲之美
最自在的彩霞
梁又平事件後

拾、回憶錄體

五十不惑
我的革命檔案
台大教官興衰錄
迷航記、
最後一代書寫的身影
我這輩子幹了什麼好事
那些年我們是這樣寫情書的
那些年我們是這樣談戀愛的
台灣大學退休人員聯誼會第九屆
　理事長記實

拾壹、兵學、戰爭

孫子實戰經驗研究
第四波戰爭開山鼻祖賓拉登

拾貳、政治研究

政治學方法論概說
西洋政治思想史概述
中國全民民主統一會北京行
尋找理想國：中國式民主政治研究要綱

拾參、中國命運、喚醒國魂

大浩劫後：日本 311 天譴說
日本問題的終極處理
台大逸仙學會

拾肆、地方誌、地區研究

台北公館台大地區考古・導覽
台中開發史
台北的前世今生
台北公館地區開發史

拾伍、其他

英文單字研究
與君賞玩天地寬（文友評論）
非常傳銷學
新領導與管理實務

2015 年 9 月後新著

編號	書 名	出版社	出版時間	定價	字數（萬）	內容性質
81	一隻菜鳥的學佛初認識	文史哲	2015.09	460	12	學佛心得
82	海青青的天空	文史哲	2015.09	250	6	現代詩評
83	為播詩種與莊雲惠詩作初探	文史哲	2015.11	280	5	童詩、現代詩評
84	世界洪門歷史文化協會論壇	文史哲	2016.01	280	6	洪門活動紀錄
85	三黨搞統一 — 解剖共產黨、國民黨、民進黨怎樣搞統一	文史哲	2016.03	420	13	政治、統一
86	緣來艱辛非尋常 — 賞讀范揚松仿古體詩稿	文史哲	2016.04	400	9	詩、文學
87	大兵法家范蠡研究－商聖財神陶朱公傳奇	文史哲	2016.06	280	8	范蠡研究
88	典藏斷滅的文明：最後一代書寫身影的告別紀念	文史哲	2016.08	450	8	各種手稿
89	葉莎現代詩研究欣賞：靈山一朵花的美感	文史哲	2016.08	220	6	現代詩評
90	臺灣大學退休人員聯誼會第十屆理事長實記暨 2015～2016 重要事件簿	文史哲	2017.04	400	8	日記
91	我與當代中國大學圖書館的因緣	文史哲	2017.04	300	5	紀念狀
92	廣西旅遊參訪紀行（編著）	文史哲	2017.10	300	6	詩、遊記
93	中國鄉土詩人金土作品研究	文史哲	2017.12	420	11	文學研究
94	暇豫翻翻《揚子江》詩刊：蟾蜍山麓讀書瑣記	文史哲	出版中		7	文學研究
95	鄭雅文現代詩的佛法衍繹	文史哲	出版中		6	文學研究
96	莫渝現代詩賞析	文史哲	出版中		7	文學研究
97	現代田園詩人許其正作品研析	文史哲	出版中		12	文學研究
98	林錫嘉現代詩賞析	文史哲	出版中		10	文學研究
99	曾美霞現代詩研析	文史哲	出版中		7	文學研究
100	劉正偉現代詩賞析：情詩王子的愛戀世界	文史哲	出版中		9	文學研究
101	陳寧貴現代詩研究：全才詩人的詩情遊蹤	文史哲	出版中		9	文學研究
102	陳福成作品述評（編著）	文史哲	出版中		9	文學研究

陳福成國防通識課程著編及其他作品

（各級學校教科書及其他）

編號	書　　　名	出版社	教育部審定
1	國家安全概論（大學院校用）	幼　獅	民國 86 年
2	國家安全概述（高中職、專科用）	幼　獅	民國 86 年
3	國家安全概論（台灣大學專用書）	台　大	（臺大不送審）
4	軍事研究（大專院校用）	全　華	民國 95 年
5	國防通識（第一冊、高中學生用）	龍　騰	民國 94 年課程要綱
6	國防通識（第二冊、高中學生用）	龍　騰	同
7	國防通識（第三冊、高中學生用）	龍　騰	同
8	國防通識（第四冊、高中學生用）	龍　騰	同
9	國防通識（第一冊、教師專用）	龍　騰	同
10	國防通識（第二冊、教師專用）	龍　騰	同
11	國防通識（第三冊、教師專用）	龍　騰	同
12	國防通識（第四冊、教師專用）	龍　騰	同
13	臺灣大學退休人員聯誼會會務通訊	文史哲	
14	把腳印典藏在雲端：三月詩會詩人手稿詩	文史哲	
15	留住末代書寫的身影：三月詩會詩人往來書簡殘存集	文史哲	
16	三世因緣：書畫芳香幾世情	文史哲	

註：以上除編號 4，餘均非賣品，編號 4 至 12 均合著。

編號 13 定價一千元。